INHALT

Bonjour tout le monde!	2
Mit *Tous ensemble* ans Ziel!	3
Tu te rappelles? Course contre la montre	4

LEÇON 1	6
auto-contrôle	17
auto-contrôle Tu te rappelles?	19

LEÇON 2	20
auto-contrôle	31
auto-contrôle Tu te rappelles?	33

Portfolio Lektion 1–2	34
Portfolio-Aufgaben	36

LEÇON 3	38
auto-contrôle	47
auto-contrôle Tu te rappelles?	49

LEÇON 4	50
auto-contrôle	59
auto-contrôle Tu te rappelles?	61

LEÇON 5	62
auto-contrôle	71
auto-contrôle Tu te rappelles?	73

Portfolio Lektion 3–5	74
Portfolio-Aufgaben	76

Annexe	
En situation	78
Lösungen der *auto-contrôle*-Übungen	83
Lösungen der Portfolio-Aufgaben	88
Je continue mon dossier.	89

Pour faire les exercices du *Cahier d'activités*

Cochez la bonne réponse.	Kreuzt die richtige Antwort an.
Quelle est la réponse correcte?	Welche Antwort ist richtig?
Complétez les phrases.	Vervollständigt die Sätze.
Entourez les verbes.	Kreist die Verben ein.
Ecrivez 180 mots environ.	Schreibt etwa 180 Wörter.
Faites un filet de mots.	Macht ein Wortnetz.
Vous pouvez utiliser les mots suivants.	Ihr könnt folgende Wörter benutzen.
Le partenaire A cache la colonne B.	Partner A deckt die Spalte B ab.
Essayez de comprendre sans dictionnaire.	Versucht ohne Wörterbuch zu verstehen.
Conjuguez les verbes.	Konjugiert die Verben.
Soulignez les mots-clés.	Unterstreicht die Schlüsselwörter.
Discutez avec votre voisin / voisine.	Sprecht mit eurem Nachbarn / eurer Nachbarin.
Reliez les phrases.	Verbindet die Sätze.
Prenez des notes.	Macht euch Notizen.
Imaginez …	Denkt euch … aus. / Stellt euch … vor.
Choisissez un sujet.	Wählt ein Thema aus.
Décrivez la photo.	Beschreibt das Foto.
Comparez les deux textes / vos idées.	Vergleicht beide Texte / eure Ideen.
Traduisez ces phrases.	Übersetzt diese Sätze.
Travaillez à deux.	Arbeitet zu zweit.
Utilisez …	Verwendet …
Corrigez les phrases fausses.	Korrigiert die falschen Sätze.
Trouvez les expressions qui entraînent le subjonctif.	Findet die Redewendungen, die das *subjonctif* nach sich ziehen.

Bonjour tout le monde!

Nun liegen schon drei Jahre Französisch mit *Tous ensemble* hinter dir. Eine tolle Leistung. In diesem Schuljahr wird dich dieses *Cahier d'activités* begleiten.

Ganz neu im *Cahier d'activités 4* findest du *auto-contrôle*-Übungen: W *Tu te rappelles?* Auf diesen blauen Seiten kannst du testen, wie gut du noch die Inhalte aus den vergangenen drei Jahren Französisch beherrschst.

Nach den Lektionen 2 und 5 kannst du **dich einschätzen** und dein Können anhand der Portfolio-Aufgaben beweisen.

PORTFOLIO

Wie gut kannst du noch die Grammatik aus den letzten Jahren? Auf den Seiten «*Tu te rappelles?*» findest du eine Menge Übungen, um selbstständig zu **wiederholen**.

! bon/bonne → meilleur/meilleure (que)
→ le meilleur/la meilleure (de)

W **auto-contrôle**

Hier kannst du üben, in **Sprechsituationen** klar zu kommen: zum Beispiel über deinen Urlaub auf Korsika.

en situation

En Provence, il faut se battre contre le feu. Mais comment?

LEÇON 5

Tu fais un reportage sur le **futur** des jeunes avec Stanislas.

LEÇON 1

Tu voyages avec Eric en **Francophonie**.

LEÇON 4

Qu'est-ce que c'est pour toi l'Europe?

LEÇON 3

Si tout le monde était pareil, ça **serait** bizarre …

LEÇON 2

2 deux

Mit *Tous ensemble* ans Ziel!

Mit *Tous ensemble* 4 kannst du ein wichtiges Ziel erreichen: das Niveau B1 des europäischen Referenzrahmens. Die folgende Tabelle zeigt dir, wie du auf dieses Ziel hinarbeiten kannst. Wähle **deine Lernmethoden** aus.

Kreuze an, welche Tipps du anwenden möchtest.
Fülle die letzten Zeilen **mit deinen eigenen Tipps** aus.

	Bis Ende von Band 4 kann ich …	! Tipps – Das kann ich dafür tun:	
Hören	– einer Diskussion in Frankreich folgen, wenn deutlich gesprochen wird, – eine Diskussion verstehen, wenn es um vertraute Themen geht wie Musik, Sport … – wesentliche Punkte in einer Sendung verstehen, wenn die Themen mich interessieren.	– Texte von der S-CD anhören, – Strategie *écouter et comprendre* anwenden (SB, S. 17), – mich ganz auf das Hören konzentrieren, indem ich die Augen zumache, – versuchen, französische Lieder zu verstehen, – in meinem Portfolio die Fragen zum Thema „Hören" beantworten, – französisches Radio (im Internet) hören, – französische Filme im Fernsehen, im Kino oder auf DVD anschauen, – _____.	☐☐☐☐☐☐☐☐
An Gesprächen teilnehmen	– auf einer Reise nach Frankreich zurechtkommen: z.B. beim Einkaufen, Telefonieren, Essenbestellen … – an einem Gespräch über Hobbys, Reisen … mit französischsprachigen Personen teilnehmen.	– Kärtchen mit den Redemitteln aus den *On dit*-Kästen vor dem Einschlafen lesen, – *en situation* S. 78–82 bearbeiten, – mit Mimik und Gestik meine Sätze unterstützen, – die Strategie *expliquer et paraphraser des mots* (SB S. 71) anwenden (*C'est un truc qui …*), – _____.	☐☐☐☐☐
Zusammenhängend sprechen	– über meine Erfahrungen, meine Ziele sprechen und meine Meinung darlegen, – eine Geschichte, die Handlung eines Buches oder eines Films nacherzählen und meine Meinung dazu äußern.	– auf Kassette/Video sprechen, – «*petits mots*» (S. 33) anwenden und Adjektive auswählen, um mich genau auszudrücken, – die Redewendungen (SB, S. 198, «*à mon avis*» … und CdA, S. 81 *en situation 4*) fließend beherrschen, – _____.	☐☐☐☐
Lesen	– die Ereignisse sowie die Gefühle und Wünsche der Personen beim Lesen einer Geschichte verstehen, – persönliche Briefe, E-Mails gut verstehen.	– Wörter erschließen, – Schlüsselwörter unterstreichen, – die Strategie *lire et comprendre* anwenden (SB S. 28), – auf die Zeiten und Bindewörter achten, – Lektüren lesen (möglichst ohne Wörterbuch!), dabei schwerere Textabschnitte mehrmals lesen, – die Texte *(C'est la récré)* im SB auf S. 30/31 lesen, – in meinem Portfolio (S. 35, 75) meine Lesekompetenz überprüfen, – jemandem den Inhalt eines Briefes in eigenen Wörtern erzählen, – _____.	☐☐☐☐☐☐☐☐☐
Schreiben	– erlebte Ereignisse aufschreiben, – E-Mails und Briefe schreiben, – Informationen aus unterschiedlichen Quellen zusammenfassen, – Lösungsmöglichkeiten für ein Problem aufschreiben.	– die Strategie *écrire un texte* (SB S. 60) anwenden, – mein persönliches *dossier* (CdA S. 89) mit meinen ♥-Übungen aktualisieren, – mit einem / einer franz. Brieffreund(in) E-Mails oder Briefe austauschen, – meinen Text gezielt auf Fehler überprüfen: 1. Inhalt, 2. Angleichungen, Zeiten, 3. Rechtschreibung … – _____.	☐☐☐☐☐☐

trois **3**

W **Tu te rappelles?**

Course contre la montre – A vos marques, prêts, partez!

- *Es werden Gruppen von vier Spielern gebildet. Drei Schüler spielen gegen die Uhr, ein Schüler ist der Zeitnehmer und Spielleiter, der auch die Lösungen (auf Seite 83) vorliest und die Punkte vergibt.*
- *Nach Station 2, 4, 6, wechselt der Spielleiter mit dem nächsten Spieler und kann wieder spielen.*
- *Jede der folgenden Spielstationen muss in einer bestimmten Zeit durchlaufen werden. Der Spielleiter stoppt die Zeit und sagt „Stop!".*
- *Nach Station 2, 4 und 6 werden die Lösungen von den jeweiligen 2 Aufgaben durch den bisherigen Spielleiter vorgelesen. Jeder Spieler notiert seine Punkte. Für jede richtige Antwort gibt es einen Punkt.*
- *Die Gruppe, die am Schluss die meisten Punkte hat, gewinnt.*

1 *Cochez les bonnes réponses.*   (temps: 1 minute et 15 secondes)   points: ___ / 6   **Vrai**

1. Le premier jour de l'été, il y a la Fête de la Musique.

2. Il y a la Fête de la Musique dans toutes les villes de France.

3. *Les Loustiks*, c'est un groupe de jeunes qui jouent au basket.

4. *Les Loustiks*, eux aussi, jouent à la Fête de la Musique.

5. Pour bien jouer de la musique, il faut du talent.

6. Dans toutes les villes d'Allemagne, il y a aussi une Fête de la Musique.

2 *Cochez les bonnes réponses.*   (temps: 1 minute et 30 secondes)   points: ___ /7   **Vrai**

1. En Allemagne, le soir, on mange souvent un repas froid.

2. En France, on boit souvent du jus de fruits au repas.

3. En France, on ne mange pas de fromage.

4. La mousse au chocolat, c'est un dessert.

5. La charcuterie, c'est *Wurst* en allemand.

6. En France, on boit du vin ou de l'eau avec le fromage.

7. Quand on a trop mangé, on a mal au ventre.

3 *Lisez puis répondez aux questions. C'est vrai ou faux?*   (temps: 3 minutes)   points: ___ /7   **Vrai Faux**

Aline Gauthier travaille pour *Radio Nova* à Paris. Quand Aline était jeune, elle habitait à Lille. Ses parents travaillaient dans un grand magasin. Aujourd'hui, ils ne travaillent plus. La semaine dernière, ils sont allés voir leur fille à Paris.

M. Gauthier: On est vraiment fiers de toi, Aline. Tu as beaucoup changé. Quand tu allais au collège à Lille, tu passais beaucoup de temps avec tes copines. Vous n'aimiez pas faire vos devoirs et vous écoutiez la radio tout le temps.

Aline: Oui, j'aimais déjà la radio. Je l'écoutais toute la journée parce que vous n'étiez jamais à la maison. Vous rentriez tard. Et nous ne discutions jamais.

Mme Gauthier: Nous devions beaucoup travailler. Mais maintenant, nous sommes là. Qu'est-ce qu'on va faire cet après-midi? Tu viens avec nous au Centre Pompidou?

Aline: Je suis désolée, mais je n'ai pas le temps. Je dois finir mon reportage.

1. Les parents d'Aline font un reportage sur les jeunes à Paris.

2. M. Gauthier est fier de sa fille.

3. Quand M. Gauthier était jeune, il adorait rentrer tôt.

4. Aline discutait souvent avec ses parents.

5. M. et Mme Gauthier veulent aller au Centre Pompidou avec leur fille.

6. Aline a beaucoup de temps parce qu'elle ne travaille plus.

7. Aline n'a pas le temps parce qu'elle doit finir son reportage.

4 quatre

4 *Quel métier va avec quelle activité?*
Complétez avec les lettres a, b ... (temps: 2 minutes)   points: ___/7

1. mécanicien(ne)	a) Il/elle fait des programmes pour des ordinateurs.	1 → ☐
2. cuisinier(ière)	b) Il/elle organise la vie du bureau: les rendez-vous, les réunions.	2 → ☐
3. employé(e) de banque	c) Il/elle prépare les repas dans un restaurant ou une cantine.	3 → ☐
4. animateur(trice) de télé	d) Il/elle travaille dans un garage et répare des voitures.	4 → ☐
5. infirmier(ière)	e) Il/elle s'occupe de l'argent des clients et leur donne des conseils.	5 → ☐
6. secrétaire	f) Il/elle soigne les malades.	6 → ☐
7. informaticien(ne)	g) Il/elle présente des émissions.	7 → ☐

5 **a** *Complétez les phrases.* **b** *Quelle image va avec quelle phrase?   (3 minutes)   points: ___/12*

1. Voilà des vieilles dames __ __ __ sont dans une voiture.

2. Thomas gare sa voiture __ __ __ __ un arbre.

3. Il __ __ __ __ beau.

4. __ __ __ __ __ Estelle sort de sa douche, ses vêtements ne sont plus là.

5. Didier est en __ __ __ __ __ de faire le plein.

6. Luc fait du stop. Il porte un chapeau __ __ __ la tête.

a   b

c   d

e   f

1 → ☐
2 → ☐
3 → ☐
4 → ☐
5 → ☐
6 → ☐

6 *Quelle est la réponse correcte? Ecrivez la lettre dans la case.   (1 minute et 30 secondes)   points: ___/6*

1. Des fringues, ce sont des …	a) gâteaux.	b) vêtements.	c) croissants.	d) mecs.	☐
2. La banlieue est autour des …	a) cités.	b) maisons.	c) grandes villes.	d) campings.	☐
3. Un spectacle triste n'est pas …	a) sérieux.	b) stressé.	c) déprimé.	d) drôle.	☐
4. Le poulet à l'orange est un …	a) dessert.	b) jus de fruits.	c) plat principal.	d) gâteau.	☐
5. Un boulot est un …	a) journal.	b) SDF.	c) endroit.	d) travail.	☐
6. Quand j'ai la pêche, je suis …	a) en forme.	b) stressé.	c) déprimé.	d) sérieux.	☐

7 *Ecrivez dans votre cahier des mots français qui commencent par la lettre «A».   (1 minute)   points: _____*
(Bei Unsicherheiten überprüft der Spielleiter das Wort anhand der «Liste des mots» und gibt für zwei richtige Wörter einen Punkt. Das Spiel kann mit anderen Buchstaben, die die Gruppe bestimmt, wiederholt werden. Der Spielleiter kann bei dieser Station mitspielen.)

Tes points: _____   **Les points de ton groupe:** _____

cinq **5**

LEÇON 1

d'abord

1 Les activités de la MJC → nach Texteinführung

Cochez la bonne réponse.

	Vrai	Faux	On ne sait pas.
1. Le magazine de la MJC est déjà sorti.	☐	☐	☐
2. Les jeunes du club *MJC mag* écriront des textes pour le magazine.	☐	☐	☐
3. Le projet de l'atelier vidéo, c'est un vidéoclip sur le judo.	☐	☐	☐
4. Les jeunes vont faire une vidéo avec Patrick et Isabelle.	☐	☐	☐
5. Izée demande à Alice de faire un CD de danse africaine.	☐	☐	☐
6. Alice va organiser seule le spectacle.	☐	☐	☐
7. Dans la salle de musique, les travaux finiront jeudi.	☐	☐	☐
8. Les guitaristes ont leurs affaires dans la salle de musique.	☐	☐	☐

2 Est-ce que tu m'oublieras? (G 1) → nach d'abord

Nasser et Stanislas sont dans la cour du collège. Ils parlent du club de judo de la MJC.
*Entourez (kreist ein) les verbes au **futur**, puis écrivez-les dans le texte.*

> donnez   aider   téléphonerai   trouveront   donnerai   téléphoneras
> perdons   aidera   prenais   gagnez   parlerai   prendra
> gagnerez   parlerons   partiez   (perdrons)   trouvons   pensons   partirez

Nasser: Ecoute, Stanislas, j'ai peur pour notre équipe de judo. Nous avons un problème. Marc, notre meilleur

sportif, s'est cassé le bras hier. Sans lui, nous **perdrons** à la compétition de Narbonne, c'est sûr.

Stanislas: Ne t'inquiète pas. Je suis sûr que vous _____ des matchs. Est-ce que tu sais

qui _____ la place de Marc?

5 *Nasser:* Non, on ne sait pas encore. Nous en _____ au club cet après-midi.

Les animateurs _____ bien une solution.

Stanislas: Ecoute, j'ai une idée. J'ai un copain qui est très bon en judo. Je lui _____

si tu veux. Il vous _____ peut-être. Vous _____ quand à Narbonne?

Nasser: Le 15 octobre. Merci, c'est sympa de t'en occuper. J'en _____ cet après-midi à Cédric.

10 *Stanislas:* Tu me _____ après votre cours?

Nasser: Oui, bien sûr! Je te _____ les premiers résultats de notre discussion. Alors, à plus!

6 six

3 Hier, aujourd'hui et demain (G1) → nach d'abord

Ils parlent au passé, au présent ou au futur? Ecoutez et cochez.

texte	1	2	3	4	5	6	7
passé							
présent							
futur							

4 L'école du futur (G1) → nach d'abord

a *Trouvez les formes des verbes au futur.*

1. Vous n' __écrirez__ plus les exercices.
   (écrire)
   Nous les __écrirons__ pour vous!
   (écrire)
2. Fantastique! Nous ne __travaillons__ plus.
   (travailler)
3. Mais comme ça, vous n' __apprendrez__ rien.
   (apprendre)

4. Et toi, mon cher collègue, tu __te reposeras__ dans
   (se reposer)
   le futur. Nous __préparerons__ tous tes cours.
   (préparer)
5. Ah bon? Mais ça ne __marchera__ jamais …
   (marcher)
6. Mais si, dans quelques années les robots[1] __prendra__
   (prendre)
   la place des profs.

7. Et nous, alors? Nous __resterons__ devant l'ordinateur
   (rester)
   toute la journée? Et qui __parlera__ avec nous?
   (parler)
8. Moi, par exemple. Je __restera__ avec vous et nous
   (rester)
   __nous battrons__ ensemble pour les hommes et
   (se battre)
   contre les machines.

▽ **b** *Qui parle? Le robot[1], le prof ou les élèves?*
Ecrivez le numéro des phrases dans les cases.

le robot ☐ ☐ ☐   le prof ☐ ☐ ☐   les élèves ☐ ☐

c *Et vous, qu'est-ce que vous en pensez? Est-ce que les élèves du futur travailleront avec des robots et avec des ordinateurs ou avec des profs comme aujourd'hui? Qu'est-ce que les élèves apprendront et qu'est-ce qu'ils n'apprendront plus? Comment seront les salles de classe? Comment sera la cantine? Imaginez l'école du futur. Ecrivez environ 180 mots.*

---
[1] **un robot** ein Roboter

1 atelier A

5 Comprendre le texte → nach Texteinführung

a Choisissez la bonne réponse. Attention, plusieurs réponses sont possibles: au total il y a 9 réponses.

1. Larbi est devenu champion
   - [ ] parce qu'il a commencé le judo à 11 ans.
   - [x] parce qu'il adore gagner.
   - [x] parce qu'il a reçu des conseils.

2. Pour devenir un champion, il faut
   - [x] s'entraîner souvent. ✓
   - [ ] commencer à 10 ans.
   - [ ] avoir des sportifs dans sa famille.

3. Malia
   - [ ] ne veut pas aller aux Jeux Olympiques.
   - [x] vient de Paris.
   - [x] se souvient de sa première compétition.

4. En Guyane,
   - [ ] Malia faisait du ski.
   - [x] il fait plus chaud qu'à Paris. ✓
   - [x] la sœur de Malia faisait beaucoup de natation. ✓

5. Eric
   - [x] n'est pas handicapé.
   - [x] joue dans un club à Toulouse. ✓
   - [x] espère qu'il va passer en équipe de France. ✓

6. Le handibasket, c'est
   - [x] du basket en fauteuil roulant. ✓
   - [ ] un sport qui vient de France.
   - [x] un sport aux Jeux Paralympiques.

b Choisissez un de ces trois sportifs et imaginez son avenir. Est-ce qu'il/elle réussira? Est-ce qu'il/elle gagnera aux Jeux Olympiques/Paralympiques? Est-ce qu'il/elle aura une famille? Où est-ce qu'il/elle habitera?

6 Nous recevrons des amis demain. (G 5)

a Trouvez neuf formes du verbe «recevoir» dans la grille et écrivez-les à droite.

R	E	C	R	O	I	R	E	R	C	E
E	C	R	E	R	D	R	E	E	V	E
C	R	E	C	E	V	E	Z	C	E	C
E	E	R	E	Ç	O	I	V	E	N	T
E	C	E	V	O	U	C	D	V	E	O
R	E	Ç	O	I	S	V	R	I	C	V
E	V	O	N	S	R	E	V	O	I	R
Ç	R	I	S	R	E	V	E	N	C	E
U	A	T	C	C	E	R	I	S	O	R

je reçois
tu reçois
il/elle doit
nous recevions
vous recevez
ils/elles reçoivent

b Qu'est-ce qu'on peut recevoir? Faites un filet de mots dans votre cahier autour du verbe «recevoir». Vous pouvez utiliser les mots suivants:

un e-mail   une médaille   un cadeau   une bonne note   le journal

7 Qu'est-ce que tu feras plus tard? (G 1)

a Travaillez à deux. Le partenaire A cache la colonne B (deckt die Spalte B zu), le partenaire B cache la colonne A. Complétez le dialogue avec les verbes **au futur**. Contrôlez les réponses de votre partenaire avec les solutions en gris.

b Echangez les rôles.

A: Lolyta	B: Malia
Comment tu te (préparer) pour la compétition de natation?	(Comment tu te **prépareras** pour la compétition de natation?)
(Je **m'entraînerai** tous les jours.)	Je (s'entraîner) tous les jours.
Et est-ce que tu (faire) du jogging[1]? 	(Et est-ce que tu **feras** du jogging[1]?)
(Oui, le matin je **ferai** un peu de jogging pour être en forme.)	Oui, le matin je (faire) un peu de jogging pour être en forme.
Tu (se lever) à quelle heure?	(Tu te **lèveras** à quelle heure?)
(A six heures. Tu sais, si je veux gagner, il me **faudra** beaucoup travailler.)	A six heures. Tu sais, si je veux gagner, il me (falloir) beaucoup travailler. 
Tu (devenir) alors championne olympique?	(Tu **deviendras** alors championne olympique?)
(Oui j'**essayerai** de toute façon. Je **travaillerai** dur.)	Oui j'(essayer) de toute façon. Je (travailler) dur.
Et tu ne (continuer) plus l'école? Tu ne (venir) plus au collège?	(Et tu ne **continueras** plus l'école? Tu ne **viendras** plus au collège?)
(Si. Les profs me **passeront** les cours. Je les **apprendrai** le soir et tout **ira** bien.)	Si. Les profs me (passer) les cours. Je les (apprendre) le soir et tout (aller) bien.
Alors, tu n'(avoir) pas de temps pour toi!	(Alors, tu n'**auras** pas de temps pour toi!)
(C'est sûr, mais il faut penser à l'avenir. Quand je ne **pourrai** plus être championne, il me **faudra** un autre métier.)	C'est sûr, mais il faut penser à l'avenir. Quand je ne (pouvoir) plus être championne, il me (falloir) un autre métier.

---

1 **le jogging** das Joggen

neuf **9**

1

8 Si tu gagnes beaucoup d'argent … (G2, G3) → nach SB Ü4, S.13

a *Lisez l'horoscope de Didier et essayez de tout comprendre sans dictionnaire.*

BALANCE
23.9 - 22.10

Travail: Des changements dans votre travail vous apporteront plus d'avantages que d'inconvénients si vous savez en profiter.

Vie et loisirs: Vous serez très sensible à la mode et aux vêtements d'avant-garde, avec une envie de provocation.

Amour: Vos rapports amoureux seront assez froids pendant le mois de septembre, surtout du 15 au 30.

Argent: Vous pourrez gagner beaucoup d'argent. Ouvrez vos yeux et essayez de reconnaître les chances qui se présenteront.

b Didier a lu son horoscope et maintenant, il rêve. Comment sera sa vie s'il gagne beaucoup d'argent? *Conjuguez les verbes au futur ou au présent.*

> **Si** tu lis *(présent)* ton horoscope, tu pourras *(futur)* rêver.
>
> Tu pourras *(futur)* rêver, **si** tu lis *(présent)* ton horoscope.

1. **Si** en septembre j'___ai___ (avoir) de la chance, je ___gagnerai___ (gagner) beaucoup d'argent. **Si** je ___gagne___ (gagner) beaucoup d'argent, j'___achèterai___ (acheter) un scooter ou une moto …

2. J'espère que je ___trouverai___ (trouver) une copine très sympa et que dans quelques années j'___aurai___ (avoir) une famille avec elle. Avec l'argent, nous ___ferons___ (faire) des voyages, **si** nous en ___avons___ (avoir) envie.

3. Plus tard, **si** nos enfants ne ~~veulent~~ ___veulent___ (vouloir) pas venir avec nous en vacances, ils ___pourront___ (pouvoir) partir avec leurs copains. **Si** ma fille ~~est~~ *présent* (être) est sportive je lui ~~paye~~ *futur s.* (payer) des super vacances de surf.

4. **Si** mes enfants me ___demande___ (demander) un portable, je leur en _____ (acheter) un. Alors ils me ___téléphonent___ (téléphoner) s'ils ___auront___ (avoir) des problèmes.

5. Mon fils me demandera: «**Si** tu ~~as vas~~ (aller) en ville, tu me ___rapportera___ (rapporter) un cadeau?»

6. Et **si** j'_____ (avoir) assez d'argent, je lui _____ (dire) toujours «oui».

La vie est facile, quand on a un bon horoscope …

9 Forum: Qu'est-ce que vous pensez du dopage? → *an beliebiger Stelle*

♡ **a** *Lisez les trois avis sur le dopage[1] au forum Internet (page 11). Soulignez les mots-clés. Et vous, que pensez-vous des champions qui se dopent[2]? Donnez votre avis et écrivez votre réponse. Le dopage, c'est sportif? Quelles sont les victimes, les solutions?*

b *Lisez votre réponse à votre partenaire. Comparez vos idées et discutez.*

| Je pense que … |
| Je suis pour/contre … | Je trouve ça nul/bien parce que … |
| A mon avis … |
| Je (ne) suis (pas) de ton avis. | C'est vrai/faux. | Je (ne) suis (pas) d'accord avec toi. |

10 dix   [1] **le dopage** das Doping – [2] **se doper** sich dopen

Auteur	Bienvenue sur la discussion: Qu'est-ce que vous pensez du dopage?
L'avis de **nicole 48** *en ligne*	Le dopage, moi, je suis vraiment contre! Ça n'apporte rien. Ce n'est pas pour les vrais sportifs. Et puis, c'est très mauvais pour la santé. En sport, d'accord, il faut être le meilleur des meilleurs. Mais sans dopage, OK? Sinon, tu n'es pas un vrai champion. Si tu reçois une médaille avec du dopage, tu ne peux pas être fier, c'est la honte.
L'avis de **tchao 23** *en ligne*	On critique toujours les sportifs qui se dopent, mais il faut se mettre un peu à leur place. Attention, je suis contre le dopage, mais à qui la faute si certains sportifs en prennent? Parce que s'ils ne sont pas dans leur meilleure forme le jour de la compétition, et s'ils ont des mauvais résultats, qu'est-ce qui va se passer pour eux? Ils ne seront plus intéressants. Le sport n'est qu'une question d'argent, c'est nul. Alors je pense que les sportifs n'ont pas le choix.
L'avis de **ptit chat** *hors ligne*	Moi, je pense que c'est à cause des médias, des sponsors, des fans … Les sportifs doivent gagner le match ou la médaille. Alors ils doivent se doper. Je pense qu'il faut plus de contrôles. J'ai plus de plaisir à regarder des «vrais» sportifs que des sportifs qui se dopent. Arrêtons le dopage.

10 Qui êtes-vous? (G 4) → nach SB Ü 5, S. 13

a *Lisez la BD. Posez les questions avec l'interrogation inversée.*

b *Trouvez les réponses qui vont avec chaque question.*

! Parfois il faut ajouter **-t-**.

A
1. Que __fait le copain de Titeuf__ (le copain de Titeuf/faire)?
2. Comment _____ (il/trouver) Claudia Schiffer?
3. Quand _____ (il/vouloir) se marier[1] avec elle?

B
4. Que _____ (Titeuf/dire)?
5. Et son copain, que _____ (il/répondre)?

C
6. Pourquoi ne _____ pas (il/pouvoir [futur]) se marier avec Claudia Schiffer?
7. _____ (il/être) en colère?

- Il la trouve super bien.
- Oui, il est rouge de colère.
- Il dit que son copain est nul.
- Il lit un magazine de mode.
- Il lui demande pourquoi Titeuf pense ça.
- Quand il sera grand.
- Parce qu'elle sera grand-mère quand il aura l'âge de se marier.

---
[1] **se marier** heiraten

1 atelier B

VOC 11 Les qualités de mes amis → *nach Texteinführung*

a *Relisez le texte «Amis pour la vie!», puis fermez votre livre.*

b *Complétez avec les bons mots puis reliez les phrases.*

1. Si tu _____ tous tes copains,	et je ne le _____ jamais tomber.
2. Mais tes vrais amis, tu les compteras	lui _____.
3. Sarah a vraiment _____ en Sophie:	beaucoup ensemble.
4. J'aiderai toujours Alexis	tu en auras beaucoup.
5. Et d'ailleurs, Alexis ne m'oubliera jamais,	sur les _____ de ta main.
6. Annabelle et ses copines _____	elle lui donne des bons _____.

 c *L'amitié: qu'est-ce que c'est pour vous? Qu'est-ce que vous faites avec vos vrais amis? Qu'est-ce que vous faites pour vos amis? Est-ce que vos amis et vous, vous aimez les mêmes choses? Prenez des notes et discutez avec votre corres (votre voisin/voisine).*

Pour moi, l'amitié c'est quand ...

_____

_____

_____

 d *Maintenant vous pouvez écrire vos idées sur une belle feuille de papier (Blatt Papier): des mots, des phrases, un poème, une lettre pour un ami/une amie ou vos pensées (Gedanken) sur l'amitié.*

12 Avec des «si», tout est possible ... (G 3) → *nach SB Ü 4, S. 15*

Choisissez un sujet et écrivez un petit texte au futur dans votre cahier.

> ! *Si*-Satz (Präsens) → Hauptsatz (Futur)

1. Si demain nous n'avons pas cours, ...
2. Si ma grand-mère m'offre de l'argent pour mon anniversaire, ...
3. S'il fait beau le week-end prochain, ...
4. Si cet été je passe mes vacances au bord de la mer à Argelès, ...

13 Conseils pour avoir des amis *(G 6)* → *nach SB Ü 3, S. 15*

a *Trouvez les impératifs (2e pers. du singulier et 2e pers. du pluriel) puis complétez le tableau.*

être (3x)	avoir (3x)	téléphoner	inviter
sois – soyez	Aide – Ayez	**téléphone – téléphonez**	invite – invitez
mentir	aider	partager *teilen*	oublier
Mens – mentez	aide – aidez	partage – partagez	Oublie – oubliez

lügen

b *Vous donnez des conseils à deux ami(e)s. Complétez le texte avec les verbes du tableau au pluriel.*
Pour avoir des amis:

1. **Téléphonez** souvent à vos amis. Soyez actifs. Invitez -les.

2. Ne soyez pas jaloux si votre ami(e) a aussi d'autres amis.

3. N' ayez pas peur de donner votre avis, *Meinung* même si ce n'est pas l'avis de votre ami.

4. Aie confiance, vos amis vous aimeront si vous restez vrai(e)s.

5. Ne mentez jamais à vos amis. Soyez fidèles à vos amis.

6. Quand ils ont des problèmes, aidez -les, ayez la pêche.

7. Partagez vos problèmes et vos soucis avec vos amis.

8. Mais n' oubliez pas de partager aussi les bons moments!

c *Maintenant, donnez ces conseils à un ami ou une amie (donc au singulier):*
Ecrivez les huit conseils dans votre cahier.

1. **Téléphone souvent à tes amis...**

> **!** Attention aux déterminants (vos → tes) et à l'accord des adjectifs.

14 Quand j'aurai 20 ans ... *(G 1, 2)* → *an beliebiger Stelle*

Pierre: J'ai 15 ans, j'habite à Paris. Je passe mon brevet[1] cette année. Au collège, on doit travailler régulièrement pour ne pas avoir de mauvaises notes. Avec des copains, nous faisons du sport le week-end.
Luc et moi, nous allons tous les mercredis à la MJC à l'atelier judo de Cédric. C'est toujours bien sympa.
On rit beaucoup avec lui. Et après le cours, on discute et on boit un coca ensemble. Nous recevons parfois des médailles. J'ai une petite copine depuis 3 mois et j'espère que ça va durer ...

a *Quelle sera la vie de Pierre dans cinq ans? Imaginez. Ecrivez au futur.*

Quand Pierre aura 20 ans, il habitera peut-être à Lyon. ...

b *Et vous, que ferez-vous dans cinq ans, où habiterez-vous ...? Imaginez.*

Quand j'aurai 20 ans, je ...

---

1 **le brevet** Prüfung am Ende der *troisième*

treize **13**

1 atelier C

15 Qui fait quoi à l'atelier vidéo? → *nach Texteinführung*

Paul et Marie de l'atelier vidéo sont chez leur copain Fred qui n'a pas pu venir à l'atelier.

a *Qui fait quoi? Ecoutez leur discussion et complétez le tableau.*

Pour faire le vidéoclip, il faut:	Fred	Paul	Marie	Mimi	Patrick	Isabelle	Eric
1. Choisir une chanson.							
2. Faire le scénario.							
3. Filmer les scènes.							
4. Trouver des vêtements pour les danseurs.							
5. Téléphoner à l'atelier hip-hop.							
6. Danser pour le vidéoclip.							
7. Finir le film sur l'ordinateur.							

b *Répondez aux questions dans votre cahier.*
1. Pourquoi est-ce que Fred n'était pas à l'atelier vidéo?
2. Est-ce que Mimi ira à l'atelier vidéo la semaine prochaine? Pourquoi?
3. Qu'est-ce que Fred aimerait faire pour la vidéo? Pourquoi?

16 Qui est-ce qui a compris?* *(G 7, 8)* → *vor SB Ü 5, S. 18*

a *Regardez l'image, puis complétez avec qui (une personne) ou qu' (une chose).*

1. _____ est-ce que tu vois dans le bateau? – Je vois Astérix et Obélix.

2. _____ est-ce qu'ils vont manger? – Ils vont manger des poulets.

3. _____ est-ce que tu vois sur le deuxième dessin? – Il n'y a plus rien à manger!

4. _____ est-ce qui se repose? – C'est Obélix.

*⟨Übung 16⟩ Fakultativ außer BY, HE und RP.

b *Complétez avec **qui** (sujet) ou **qu'/que** (objet).*

5. – Qu'est-ce _____ tu vois sur le dessin n° 1? – Je vois un bateau avec beaucoup de bonnes choses.

6. – Qu'est-ce _____ Obélix va manger? – Il va manger du poulet, du sanglier[1], du gâteau …

7. – Qui est-ce _____ dort sur le dessin n° 2? – Obélix et Idéfix dorment.

8. – Qui est-ce _____ Obélix a sur le ventre? – Il a Idéfix sur le ventre.

c *Maintenant, décrivez les trois dessins. Qu'est-ce qu'il y a sur le bateau? Que font les personnes? Leurs vêtements sont comment? Est-ce qu'Astérix est content? Expliquez pourquoi Obélix rit sur le troisième dessin. Vous pouvez utiliser le dictionnaire pour trouver les mots que vous ne connaissez pas. (Ecrivez 160 à 180 mots.)*

17 Qu'est-ce qu'ils font?* (G 7, 8) → nach SB Ü 5, S. 18

Lisez les réponses, trouvez les questions.

_____ s'entraîne avant les compétitions? – Larbi s'entraîne.

_____ Malia fera après le bac? – Elle continuera la natation.

_____ Eric a rencontré au TIC? – Il y a rencontré des joueurs de handibasket.

_____ est important pour les sportifs? – Ils veulent gagner des médailles, bien sûr!

18 Le futur des jeunes

Un projet

Eine Reportage planen und verwirklichen, vor der Kamera Französisch reden … Dies ist das Ziel unseres Projekts (auf S. 15-16).

> Ich bin Stanislas, von Beruf Reporter. Ich werde euch ein paar Tipps geben, wie ihr eine Reportage über die Zukunftsvorstellungen der Jugendlichen vorbereiten könnt.
> Andere Themen wie Freizeit, Familie, Musik, eure Schule usw. könnt ihr aber auch für eure Reportage wählen.

1. Qui fait quoi?
Vous choisissez ensemble:
– Pour qui faites-vous ce reportage? Pour vos corres, pour une autre classe, pour un projet de l'école …?
– Quel est le thème de votre reportage? Quel est votre but[2]?
– Préparation du matériel: Qui a une caméra, un micro? Quel décor …?
– Faites des équipes:
  Qui posera les questions (informations au n° 2)?
  Qui présentera le reportage (informations au n° 3)?
  Qui répondra aux questions (informations au n° 4)?
  Qui tournera le film (informations au n° 5)?

---
1 **un sanglier** ein Wildschwein – 2 **le but** das Ziel

*⟨Übung 17⟩ Fakultativ außer BY, HE und RP.

1

2. Comment poser les questions?
Faites une liste des questions que vous voulez poser.

> Achtet darauf, dass man die Fragen nicht nur mit *ja* oder *nein* beantworten kann.
> Die Anzahl der Fragen sollte auf höchstens 10 begrenzt sein.

Par exemple:
1. Comment t'appelles-tu? Quel âge as-tu?
2. Quelle est ta matière préférée à l'école?
3. Qu'est-ce qui t'intéresse? Qu'est-ce que tu aimes faire pendant tes vacances?
4. Quel est ton loisir préféré?
5. Quel métier te plaît?
6. Pourquoi est-ce que tu aimes ce métier?
7. Qu'est-ce que tu espères pour ton futur?

3. Comment présenter le reportage?
– Comment présenter le reportage? Quelle introduction?
– Combien de minutes dure[1] le reportage? Combien de minutes pour chaque personne?
– Quelle est la structure du reportage? (L'introduction, les questions et les réponses dans quel ordre[2], la conclusion?)

> Die Reportage darf insgesamt nicht zu lang sein (höchstens 10 Minuten) und soll für die Zuschauer nicht langweilig werden.
> Denkt an pfiffige Details, Humor …

4. Qui répondra aux questions?
– Les élèves qui répondent aux questions se préparent avant le reportage. Ils réfléchissent à leurs réponses.
– Les réponses sont simples.
– Quand vous répondez, vous ne lisez surtout pas votre texte. Vous parlez lentement[3].
– Vous pouvez répéter devant une glace ou avec vos copains avant le tournage.

> Eure Antworten sind einfach und klar. Ihr bereitet sie direkt auf Französisch mit dem bekannten Vokabular vor. Also **keine** Übersetzung.

5. Le tournage du film
– Vous choisissez où vous allez faire le reportage. Vous préparez un bon éclairage[4] et tout le matériel.
– Vous préparez un décor, une musique si vous en avez besoin.
– Vous filmez les scènes.
– Si vous êtes des fans de technique du cinéma, vous pouvez aussi faire un montage[5] sur ordinateur!

> Damit euch die Reportage gut gelingt, macht eine erste Ton- und Bildprobe vor der endgültigen Reportage.

---

1 **durer** dauern – 2 **l'ordre** *(m)* die Reihenfolge – 3 **lentement** langsam – 4 **l'éclairage** *(m)* die Beleuchtung – 5 **faire un montage** einen Film schneiden

auto-contrôle

1 Qu'est-ce qu'on dit en français?

Du machst ein Interview mit einer erfolgreichen Sportlerin. Schreibe den Dialog auf Französisch.

1. Du fragst die Sportlerin, wann sie mit dem Schwimmen angefangen hat. Sie antwortet, dass sie mit 12 Jahren angefangen hat zu schwimmen.

Toi: _____

La sportive: _____

2. Du fragst sie, was man machen muss, um Siegerin zu werden. Sie antwortet, dass man viel arbeiten muss.

Toi: _____

La sportive: _____

3. Du fragst sie, was ihr Traum ist. Sie antwortet, dass sie hofft, zu den Olympischen Spielen zu gehen.

Toi: _____

La sportive: _____

4. Du fragst sie, ob sie viel trainiert. Sie antwortet, dass sie demnächst acht Stunden jeden Tag trainieren wird.

Toi: _____

La sportive: _____

2 Vocabulaire

Trouvez les mots.

1. Cette sportive gagne des médailles. C'est une _____

2. Le judo, la natation, le basket, le foot, ce sont _____

3. Le basket en fauteuil roulant, c'est le _____

4. Quand les sportifs travaillent, ils _____

5. C'est un sport qu'on fait dans l'eau. C'est _____

6. Le gagnant _____ la médaille d'or.

3 Le futur *(G 1, 2, 3)*

Mettez les verbes au futur.

1. – Est-ce que tu _____ dimanche au match de handball? – Non, je n'_____ pas
   _{venir} _{avoir}

le temps. 2. – J'_____ avec mes parents chez ma grand-mère. Elle _____ contente si
   _{aller} _{être}

je vais la voir. 3. – Et vous _____ tard? – Je ne sais pas, on _____.
   _{revenir} _{voir}

4. – Si on revient tôt, je t'_____.
   _{appeler}

1

4 Les phrases avec «si» (G 3)

Mettez le «si» à la bonne place. Puis relisez les phrases.

si-il → s'il

1. _____ vous travaillez tous les jours, _____ vous aurez des bons résultats en basket.
2. _____ vous avez des bons résultats, _____ vous pourrez faire des compétitions.
3. _____ tu devras boire beaucoup, _____ tu fais du sport.
4. _____ ton équipe ira aux Jeux Olympiques, _____ elle est très bonne.
5. _____ les sportifs auront des médailles, _____ ils gagnent leurs matchs.
6. _____ ils sont les meilleurs, _____ ils auront la médaille d'or.

5 L'impératif des verbes «être» et «avoir» (G 6)

*Complétez avec les formes d'**être** ou **avoir** à l'impératif, 2ᵉ pers. du pluriel puis 2ᵉ pers. du singulier.*

Le prof parle aux élèves.

N'_____ pas peur.

_____ courageux, comme moi!

_____ confiance.

Maintenant, à toi, Antoine.

Le prof parle à Antoine.

N'_____ pas peur.

_____ courageux.

_____ confiance.

Allez! Vas-y!

6 Qui est-ce qui … ? (G 7, 8)

Cochez la bonne question.

1. J'ai des pieds, mais je ne peux pas marcher.
   - ☐ **Qu'est-ce que** je suis?
   - ☐ **Qui est-ce que** je suis?

2. ☐ **Qui est-ce qui** est jaune, qui monte et qui descend?
   ☐ **Qu'est-ce qui** est jaune, qui monte et qui descend?

3. ☐ **Qui est-ce qui** apporte des cadeaux dans la nuit du 24 décembre?
   ☐ **Qui est-ce qu'**apporte des cadeaux dans la nuit du 24 décembre?

Lösungen: 1. une chaise, 2. un citron dans un ascenseur, 3. le Père Noël

W **Tu te rappelles?**

7 Je travaillais, j'ai travaillé, je travaillerai …

a Entourez les verbes au futur en rouge, les verbes à l'imparfait en vert et les verbes au passé composé en bleu.

b Ecrivez les verbes avec leurs pronoms dans une grille dans votre cahier. Ecrivez aussi l'infinitif.

mangeait   aurons   regarderont   serai   faisaient

avions   mangera   regardiez   ferez

ai mangé   a pris   as lu   irai

prendrez   était

lira   est allée

preniez   ont été   lisaient   ai fait   allais

avons eu   avez regardé

l'infinitif	le futur	le passé composé	l'imparfait
manger	il/elle mangera	j'ai mangé	il/elle mangeait

8 L'imparfait

Complétez les phrases avec les verbes à l'imparfait.

Maintenant,	Avant,
1. … Didier habite à Paris.	… Didier _____ à Arras.
2. … il ne vend plus de journaux.	… il _____ des journaux dans le métro.
3. … il s'entend bien avec sa sœur Emma.	… il ne _____ pas très bien avec sa sœur.
4. … il rêve de devenir une star au Théâtre du Renard.	… il _____ de devenir acteur.
5. … au Théâtre du Renard, il joue des grands rôles et raconte des histoires pour les enfants.	… il _____ des petits sketchs et _____ des histoires drôles.

9 Imparfait ou passé composé?

a Complétez avec les formes des verbes. Utilisez **le passé composé** ou **l'imparfait**. Eric raconte.

b Maintenant, **Sophie** raconte l'histoire d'Eric: «En 1993, Eric a eu …»

Eric raconte son histoire: «En 1993, j'_____ un accident de foot. Après cet accident,
_{avoir}

j'_____ handicapé. Comme j'_____ beaucoup le sport, c'_____ une année très difficile
_{être}   _{aimer}   _{être}

pour moi. Mais un jour, j'_____ le Toulouse Invalides Club et je _____ tout
_{trouver}   _{entrer}

de suite dans ce club. C'est comme ça que j'_____ le handibasket.»
_{commencer}

LEÇON 2

d'abord

1 Immeubles en fête → nach d'abord

a *Relisez le texte (livre p. 20) et fermez votre livre.*
b *Quelle phrase française va avec quelle phrase allemande? Trouvez la solution.*
c *Complétez les phrases.*

1. Louise _____ dans un _____ avec plein d'appartements.	I Er sagt, sie sollte zum Fest kommen.
2. La fête des voisins _____ tous les ans fin mai.	V Marc möchte diesen Tag mit seinen Nachbarn feiern.
3. Marc _____ fêter ce jour avec ses voisins.	L Louise lebt in einem Hochhaus mit vielen Wohnungen.
4. Marc _____ inviter Louise à la fête.	O Marc möchte gern Louise zum Fest einladen.
5. Il lui dit qu'elle _____ venir à la fête.	N Er hofft, dass sie kommen wird.
6. Comme ça, elle _____ parler avec ses voisins.	A Das Fest der Nachbarn findet jedes Jahr Ende Mai statt.
7. Il ne reste pas _____ chez Louise.	E Das würde ihn freuen.
8. Il espère qu'elle _____.	I Marc bleibt nicht lange bei Louise.
9. Ça lui _____ plaisir.	S So könnte sie mit ihren Nachbarn reden.

Solution: __ __ __ __ __ __ __ __ __
           1 2 3 4 5 6 7 8 9

2 On porterait tous les mêmes vêtements. (G 9) → nach d'abord

a *Entourez les sept verbes qui sont au conditionnel.*

jouait   porterais
seraient   préfèrerais
partirai   auraient
respectez
aimerions   penseriez
fermerons   écouterait
sera

b *Ecrivez ces verbes dans les phrases suivantes.*

1. Est-ce que tu aimerais un monde où tous les gens _____ pareils?

2. Ils _____ la même voiture que leurs voisins.

3. Mes copains et moi, nous _____ tous la même fille.

4. Mon père _____ la même musique que moi.

5. Et toi, tu _____ les mêmes vêtements que moi.

6. Les copains et toi, vous _____ tous la même chose.

7. Alors là, je _____ vivre sur une île[1]!

---
1 **une île** eine Insel

▽ 3 Avec qui est-ce que tu vis? (G 12)

a *Complétez avec les pronoms je, tu, il, elle, nous, vous, ils, elles.*

_____ vivons, _____ / _____ vivent, _____ / _____ vit, _____ vivez, _____ / _____ vis

_____ avons vécu, _____ viviez, _____ / _____ vivait, _____ / _____ vivront, _____ / _____ vivrais

b *Complétez avec les formes de **vivre**. Attention aux temps que vous choisissez!*
Martin téléphone à Paul, un vieil ami. Ils ne se sont pas téléphoné depuis 3 ans.

Paul: Salut, Martin. Alors, est-ce que tu _____ toujours à Lille?

Martin: Non, je ne _____ plus à Lille mais à Paris maintenant. Au début, je _____ dans

un appartement avec un copain, mais on ne s'entendait pas vraiment.

Alors il a préféré _____ seul dans un appartement. Maintenant je cherche quelqu'un de sympa

pour partager mon appartement. Comme je n'ai jamais _____ seul, c'est difficile pour moi.

Et ta famille et toi, vous _____ toujours à Lille dans votre appartement au centre-ville?

Paul: Non, nous avons déménagé dans la banlieue de Lille. Nous _____ à la cité des Rosiers

dans un petit appartement avec des voisins sympas. Et j'espère que nous ne devrons pas déménager

et que l'année prochaine, nous _____ encore ici …!

atelier A

4 Vivre avec ses voisins → *nach Texteinführung*

a *Qui dit quoi? Complétez les phrases et écrivez quelle personne parle.*

Louise

Je suis vieille et je voudrais … _____
_____

_____

Mes voisins ont beaucoup d'enfants et je ne veux pas déménager parce que/qu' …
_____

Ma famille et moi, nous déménageons souvent. Mais maintenant, nous ne voulons pas

partir de la cité des Rosiers parce que/qu' … _____

_____

_____

Je ne m'entends pas bien avec mes voisins parce que/qu' … _____

_____

Je ne connais pas mes voisins parce que … _____ _____

_____

b *Qu'est-ce que Martin, William et Louise pourraient ou devraient faire pour vivre plus heureux dans la cité des Rosiers? Donnez-leur des conseils.*

c *Et toi, qu'est-ce que tu pourrais faire pour vivre mieux avec tes voisins? Note tes idées.*

vingt et un **21**

2

5 Un mois sans télé *(G 9, 10)* → *nach SB Ü 2, S. 22*

▽ Susanne Bertin fait un stage à la «Voix du Nord», un journal à Lille. Elle fait une interview avec des jeunes.

*Complétez avec les verbes au **conditionnel**.*

1. *Susanne:* Bonjour. Qu'est-ce que vous _____ sans télé pendant un mois?
   (faire)

2. *Pascal:* Euh… je _____ au lit toute la journée.
   (rester)

3. *Léa:* Oh non, ça ne _____ pas intéressant. Moi, je _____ beaucoup de sport.
   (être)   (faire)

4. *Lara:* Et moi, je _____ beaucoup de temps avec mes copines.
   (passer)

   Nous _____ du shopping ou nous _____ les copains à la MJC.
   (faire)   (rencontrer)

5. *Susanne:* Vous _____ plus heureux sans télé?
   (être)

6. *Pascal:* Euh… Non. Je ne _____ plus que faire.
   (savoir)

7. *Léa:* Je pense que oui. Sans télé j'_____ plus de temps pour faire du sport et de la musique.
   (avoir)

8. *Lara:* Moi, je ne sais pas. Mes copines _____ au cinéma tous les soirs, mais moi,
   (aller)

   je ne _____ jamais assez d'argent. La télé, c'est moins cher!
   (gagner)

9. *Susanne:* Merci pour toutes vos réponses.

10. *Pascal:* Susanne, euh … Tu as une minute? J'ai bien réfléchi. Je pense que je _____ être
    (pouvoir)

    heureux sans télé. J'_____ plus de temps pour mes copains.
    (avoir)

    Tu _____ prendre un café avec moi?
    (aimer)

---

6 Si …, je serais heureux.* *(G 11)* → *nach SB Ü 3, S. 22*

Les élèves sont en classe. La prof parle, parle et parle.
Julien n'écoute pas beaucoup. Il commence à rêver.

*Complétez. Utilisez **l'imparfait** ou **le conditionnel**.*

> **!** Si je faisais *(imparfait)* …,
> je serais *(conditionnel)* …

1. Si les vacances _____
   (commencer)

maintenant, je _____ voyager aux
            (pouvoir)

Etats-Unis. 2. Si mes copains _____
                              (venir)

avec moi, on _____ New York ensemble. 3. Si nous _____ à Manhattan,
            (visiter)   (aller)

nous _____ à l'*Empire State Building*. 4. Si je _____ une grande star,
      (monter)   (rencontrer)

je _____ un cocktail avec elle. 5. Si la star m'_____ à faire un film, j'_____
    (boire)   (inviter)   (avoir)

un grand succès. 6. Si mon premier film _____ un Oscar, je _____ très heureux.
                                        (recevoir)   (être)

---

22 vingt-deux   * ⟨Übung 6⟩ Fakultativ außer BW, BE, HB, ST und TH.

7 Un million d'euros* (G 10, 11) → nach SB Ü 3, S. 22

Qu'est-ce que tu ferais si tu gagnais un million d'euros au loto?
Qu'est-ce que tu achèterais?
Est-ce que tu donnerais de l'argent à quelqu'un?

 a *Ecrivez au moins 10 mots-clés dans votre cahier.*

> acheter …   voyager …   donner …
> partager avec …   ne plus rêver de …   pouvoir faire …   s'installer …
> faire le tour du monde …   avoir le temps de …   avoir envie de …

b *Ecrivez des phrases avec vos mots-clés.*

8 Martin a le cafard. (G 13) → nach SB Ü 5, S. 23

Martin ne va pas bien en ce moment, mais heureusement, son copain Eric lui téléphone.
Complétez les réponses de Martin avec la négation.

1. Salut, Martin. Pourquoi est-ce que tu ne viens plus au club de volley? Tu nous manques.

   – Ben, … je me suis blessé au basket. Alors je _____ fais _____ basket _____ volley depuis deux mois.

2. Et Julie, elle va toujours bien?

   – Julie? Je _____ sors _____ avec elle depuis un mois.

3. Oh, désolé. Tu la regrettes encore?

   – Oui un peu au début, mais c'est mieux comme ça. A la fin, on _____ s'entendait _____ .

4. Et le week-end alors, qu'est-ce que tu fais? Tu sors seul?

   – Non, je _____ fais _____ . Je regarde souvent la télé …

5. Mais c'est triste. Et pour ce week-end, tu as déjà une idée?

   – Non, je _____ sais _____ . A la télé il y a sûrement un film.

6. On pourrait faire quelque chose ensemble! Et si on allait au cinéma ou au concert?

   – Je _____ vais _____ au cinéma, _____ au concert.

7. Ah bon. Et est-ce que tu vois d'autres potes?

   – Non, je _____ vois _____ en ce moment à cause de mon pied.

8. Oh là là, tu as vraiment le cafard. Je viens te voir ce soir et j'apporte une pizza. D'accord?

   – D'accord.

*⟨Übung 7⟩ Fakultativ außer BW, BE, HB, ST und TH.

2

atelier B

9 Aidons les autres! → *nach Texteinführung*

a *Comparez ces textes avec les textes de votre livre page 24, et corrigez les fautes.*

> Sabine a 14 ans et va au collège. A la fin des grandes vacances, elle retrouve Despadienne qui a 13 ans. Les grands-parents de Sabine invitent Despadienne à passer un an chez eux. Despadienne fait partie de la famille.

Sabine a 16 ans et

> Leopoldo vient du Midi et il est professeur au lycée professionnel qui va choisir le roi. Leopoldo est un sans-papiers et doit quitter le Chili à l'âge de 18 ans. Son école a organisé une fête et est allée à une grande course.

> Alex a couru pour une action contre la violence. Les sponsors donnent quelques euros par mètre. Alex a couru et il a obtenu 420 centimes. Il a vu la situation en France et il se rend compte qu'il a la chance de vivre en Afrique.

b *Travaillez à deux. Contrôlez vos solutions.*

c *Choisissez un des trois textes corrigés et notez cinq mots-clés dans vos cahiers. Puis à partir de ces cinq mots, racontez le texte à un/une partenaire qui n'est pas assis à côté de vous (der/die nicht neben euch sitzt).*

10 En faisant l'exercice…* (G 14)

a *Traduisez ces phrases en allemand dans votre cahier.*

b *Soulignez les traductions du gérondif dans votre texte en allemand.*

1. Despadienne a fait la connaissance de Sabine **en participant** à un programme pour les enfants défavorisés.
2. **En invitant** Despadienne à venir chez eux, la famille de Sabine lui a permis de partir en vacances.
3. Les élèves se mobilisent **en allant** à une grande manifestation.
4. Les élèves récoltent de l'argent **en courant** pour *Action contre la faim*.
5. **En donnant** quelques centimes par kilomètre, les sponsors aident les gens qui ont faim.
6. **En voyant** les photos d'Afrique, les gens se rendent compte que certaines personnes n'ont vraiment pas de chance.

*(Übung 10) Fakultativ außer BB und TH.

11 En voulant tout faire en même temps …* (G 14)

Ecrivez les phrases en utilisant le gérondif.

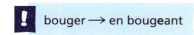
! bouger → en bougeant

Aujourd'hui, Jules s'est réveillé trop tard. Mais il ne doit pas rater son avion. Alors il se dépêche et il fait plusieurs choses à la fois.

prendre sa douche et se laver les dents → **En prenant sa douche, il se lave les dents.**

manger et mettre son anorak _____

partir et oublier de fermer la porte _____

conduire et téléphoner à un collègue _____

arriver et courir dans l'aéroport¹ _____

ne pas voir son avion, s'énerver _____

Les pilotes font la grève aujourd'hui!

12 Faisons la fête à la cité des Rosiers. (G 15) → nach SB Ü 5, S. 26

a *Complétez avec la forme correcte des verbes.*

! Elise **rêve d'**aller au cinéma **et de** faire la fête.
Bei mehreren Ergänzungen wird *de/à* wiederholt.

Paul a trois enfants: Elise, Robin et Pierre. Pierre a 15 ans et cette année,

il a **envie d'** organiser la fête des voisins à la cité des Rosiers.
(Lust haben)

Il a _____ (versprechen) s'en occuper. Alors il _____ (anfangen)

réfléchir et cherche des idées. Enfin, il _____ (beschließen) prendre

l'affiche d'*immeubles en fête* sur Internet. Comme ça, ses voisins

n'_____ (vergessen [futur]) pas _____ mettre leur nom sur l'affiche!

Voilà William qui descend les escaliers. Pierre lui explique son idée

et il l'_____ (einladen) mettre son nom sur l'affiche.

Mais William n'_____ (keine Zeit haben) écrire maintenant: Il _____ (Angst haben) rater son bus.

Il trouve l'idée très bonne et il _____ (versprechen) à Pierre _____ venir à la fête et _____ apporter de

la musique que tout le monde aimera!

 b *Maintenant, écoutez le texte pour contrôler.*

---
1 **un aéroport** ein Flughafen

*(Übung 11) Fakultativ außer BB.

2

13 Tes grands-parents et toi → *an beliebiger Stelle*

Louise a 77 ans et elle dit: «Qui est-ce qui s'intéresserait à une vieille femme comme moi?»
Est-ce que c'est vrai pour toi? *Choisis une personne âgée[1] que tu connais et raconte votre relation.*
– Comment est-ce que tu t'entends avec cette personne âgée?
– Qu'est-ce que vous faites ensemble?
– De quoi est-ce que vous parlez?
– Qu'est-ce que vous ne faites pas ensemble? Pourquoi?
Ecrivez un texte de 180 mots.

14 Qui sont les sans-papiers? → *an beliebiger Stelle*

a Quinze réalisateurs de films français ont tourné un film de trois minutes pour donner la parole
aux sans-papiers et pour les aider. *Lisez le texte et les questions.*

b *Trouvez les réponses dans le texte et soulignez-les. Répondez aux questions dans vos cahiers*
sans regarder le texte. Contrôlez en relisant le texte.

«Nous, sans-papiers de France, avons décidé de parler en public.»

• Comme tous les sans-papiers, nous sommes des gens comme tout le monde. Nous vivons en France depuis des années. Nous sommes venus ici pour travailler et pour être libres: nous ne pouvions plus supporter l'oppression *(Unterdrückung)* dans nos pays. Nos enfants avaient tout le temps faim et nous n'étions pas libres.

• Nous sommes entrés régulièrement en France. Mais les lois *(die Gesetze)* ont changé et maintenant notre séjour en France est illégal. Nous travaillons durement dans la confection, la restauration, le nettoyage... Mais nos conditions de travail sont très mauvaises parce que nous sommes des sans-papiers et nous n'avons pas de droits *(Rechte)*.

• C'est facile pour la société. Mais la société a oublié de nous aider. Nos enfants sont nés en France ou ils y sont arrivés tout petits. Très souvent, nous avons donné des prénoms français à nos enfants, nous les envoyons à l'école en France. Nous avons en France nos familles, et aussi nos amis. Mais nous devons nous cacher pour ne pas être expulsés. Nous demandons des papiers pour ne plus être des personnes sans droits.

• Le Premier ministre de la France avait promis aux sans-papiers de ne pas séparer leurs familles: de ne pas expulser les parents des enfants qui vont à l'école en France. Nous demandons au Premier ministre de tenir sa promesse *(Versprechen)* et de régulariser notre situation.

---

1. Pourquoi est-ce que les sans-papiers sont venus en France?
2. Quelles sont leurs conditions de travail en France?
3. Est-ce que les enfants des sans-papiers vivent comme les enfants français?
4. Qu'est-ce que les sans-papiers demandent au Premier ministre?

VOC **15 Agissons.** → *an beliebiger Stelle*

Complétez les mots.

1. Vivre dans un autre pa_____, ce n'est pas tou_____ facile. 2. Quand on n'a p_____ de
carte d'iden_____ et qu'on n'obt_____ pas de papiers, on est un «sans-p_____» et on
peut nous exp_____. 3. Alors les jeunes qui o_____ de la chance peu_____ les aider
s'ils se rendent com_____ qu'ils peuvent faire quelque ch_____. 4. Il ne faut pas av_____
peur, au cont_____, il faut réa_____ et se bat_____, avoir du cou_____ ou
aller à des manifes_____, inviter quelqu'un dans sa fam_____ ou cou_____ contre
la fa_____ pour obtenir de l'arg_____.

---
1 **une personne âgée** eine ältere Person

atelier C

16 Un entretien pas comme les autres → nach Texteinführung

a Complétez les deux textes.

A

Marc Herpoux regarde sa _____ et soupire: 16 h 10. La _____ est bientôt _____. Marc fait passer des entretiens _____ huit heures, et il _____ à se sentir fatigué. Mais la personne suivante est différente: elle a un _____ de top model avec des _____ blonds, des _____ bleu-vert et des _____ d'un rouge fantastique.

B

Karol Spengler est _____ en 2010. Elle parle couramment l'_____, l'italien et l'_____. Son entretien avec M. Herpoux est très positif. Mais _____ elle veut sortir, son _____ s'allonge. Ses _____ deviennent _____ et roux. Vite, la jeune fille _____ à courir. Quelle honte! Son physique de star a disparu trop tôt.

b Ecoutez le texte C, leçon 2 et contrôlez vos solutions.

c Travaillez à deux. Partenaire A est Marc Herpoux et partenaire B est Karol Spengler. Vous racontez comment s'est passé l'entretien à votre ami(e).

Marc Herpoux: J'ai regardé ma montre …   *Karol Spengler:* Mon entretien a été positif …

d Et si Nanomorph 3000 existait, est-ce que vous en prendriez? Expliquez pourquoi.

17 Faire semblant[1] → an beliebiger Stelle

a Ecoutez la chanson de Gérald de Palmas et complétez le texte.

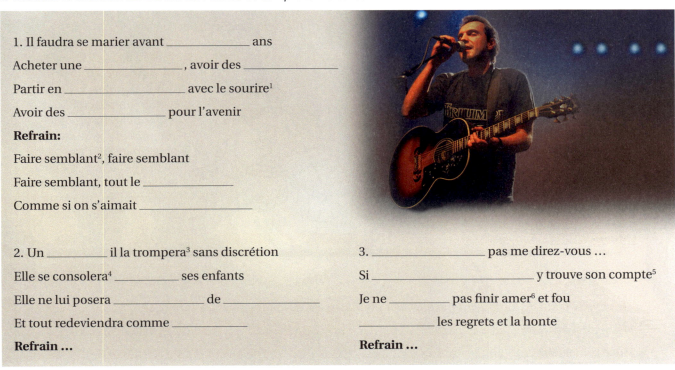

1. Il faudra se marier avant _____ ans
Acheter une _____, avoir des _____
Partir en _____ avec le sourire[1]
Avoir des _____ pour l'avenir

Refrain:

Faire semblant[2], faire semblant
Faire semblant, tout le _____
Comme si on s'aimait _____

2. Un _____ il la trompera[3] sans discrétion
Elle se consolera[4] _____ ses enfants
Elle ne lui posera _____ de _____
Et tout redeviendra comme _____

Refrain …

3. _____ pas me direz-vous …
Si _____ y trouve son compte[5]
Je ne _____ pas finir amer[6] et fou
_____ les regrets et la honte

Refrain …

b Pourquoi est-ce que Gérald de Palmas chante «Faire semblant»? Qu'est-ce que vous en pensez?

---

1 **avec le sourire** lächelnd – 2 **faire semblant** so tun, als ob – 3 **tromper qn** jdn betrügen – 4 **(se) consoler** (sich) trösten –
5 **y trouver son compte** damit zurecht kommen – 6 **amer** bitter

2 ✓ 18 Un truc bizarre → nach SB Ü 3, S. 28

▶ **Avant la lecture**
a Regardez les deux dessins. Décrivez-les.

30 septembre 2055
Aujourd'hui, j'ai trouvé quelque chose de bizarre. Je ne sais pas ce que c'est, ce truc. C'est grand, gris et ça a la forme d'un carton. C'est un truc électronique. Je l'ai montré à mon grand-père qui a 65 ans. Il dit que c'est un vieil ordinateur. Il est vraiment gros. Aujourd'hui, on met les ordinateurs dans notre poche.

8 octobre 2055
Mon grand-père et moi, on a regardé des photos sur le vieil ordinateur. Ma mère avait des cheveux très longs. Et voilà mon grand-père en short quand il était jeune. Très marrant! Il faisait du jogging sur la plage de Saint-Malo. Aujourd'hui on ne fait plus de sport. Les médecins disent que c'est mauvais pour les articulations. On mange des vitamines pour être en forme.

11 octobre 2055
J'ai lu quelques textes sur le vieil ordinateur. Ce sont des e-mails de mon grand-père. En 2005, on écrivait des e-mails en tapant à la main! Aujourd'hui tout le monde a une puce dans la tête. C'est une microplaquette pour faire des recherches ou écrire des textes. Je peux lire tous les textes qui existent en regardant dans mes lunettes. Et quand je veux écrire, je dis «français» et le texte que je dicte est en français. Quand je dis «allemand», le texte est traduit en allemand. Voilà un e-mail de mon grand-père:
*Chère Justine,
Je suis arrivé à la cité des Rosiers hier soir. Mon nouveau boulot ne me plaît pas. L'immeuble où j'habite est immense. Ici, je ne connais personne. J'ai le cafard. Demain il y aura une fête des voisins. Je vais y participer pour faire la connaissance de mes nouveaux voisins.*

4 octobre 2055
Mon grand-père l'a réparé et il l'a installé. Avant, il fallait installer les ordinateurs. Ils ne marchaient pas comme aujourd'hui. Mais maintenant, le vieil ordinateur est réparé et il marche. Enfin, il ne « marche » pas vraiment.
Il est très lent. D'abord mon grand-père a cliqué sur «musique». C'était une chanson du chanteur MC Solaar. Je ne le connais pas MC Solaar, mais il ne chantait pas vraiment, il parlait dans ses chansons. Quelle musique! Mon grand-père se souvient que c'était du rap et de la poésie. Mais bon, ça n'existe plus.

14 octobre 2055
Un voyage dans le passé. C'était intéressant. Mais je suis heureux de vivre aujourd'hui. Je ne voudrais plus taper des textes ou des e-mails. C'est plus facile de dire quelque chose et d'avoir les phrases sans faute sur mes lunettes et dans ma puce.

b *Lisez le texte du journal intime d'Olivier et utilisez les stratégies de votre livre p. 28.*

Catégorie de texte: _____

Idée principale: _____

28 vingt-huit

Mots-clés: le 30 sept.: _____

le 4 oct.: _____

le 8 oct.: _____

le 11 oct.: _____

le 14 oct.: _____

c Qui sont les personnes principales? _____

Où se passe l'action? _____

En quelle année sommes-nous? _____

 d Ecrivez les mots que vous ne comprenez pas dans votre cahier. Cherchez-les dans le dictionnaire.

e D'après le texte, qu'est-ce qui sera différent en 2055? *Ecrivez dans votre cahier.*

 19 Si tu avais un accident …* *(G 11)*

 Travaillez à deux. Le partenaire A regarde seulement la colonne A. Le partenaire B regarde la colonne B.

a *Lisez le dialogue et complétez avec les **verbes au conditionnel**. Contrôlez les réponses de votre partenaire.*

b *A la fin, échangez les rôles.*

A	B
Si tu avais un accident et si tu devais rester dans un fauteuil roulant, qu'est-ce que tu (faire)?	(Si tu avais un accident et si tu devais rester dans un fauteuil roulant, qu'est-ce que tu **ferais**?)
(Je pense que je **réagirais** comme Eric. Je **chercherais** un club avec d'autres jeunes handicapés. Je **serais** actif/active et je **ferais** du handibasket. Et toi?)	Je pense que je (réagir) comme Eric. Je (chercher) un club avec d'autres jeunes handicapés. Je (être) actif / active et je (faire) du handibasket. Et toi?
Moi, je (regarder) la télé toute la journée. Je ne (vouloir) voir personne. Je (rester) chez moi.	(Moi, je **regarderais** la télé toute la journée. Je ne **voudrais** voir personne. Je **resterais** chez moi.)
(Mais en réagissant comme ça, tu ne **serais** pas heureux/heureuse.)	Mais en réagissant comme ça, tu ne (être) pas heureux/heureuse.
Je déteste le sport, donc je (préférer) rester devant ma télé.	(Je déteste le sport, donc je **préfèrerais** rester devant ma télé.)
(En restant seul/seule, tu n'**aurais** plus de copains.)	En restant seul / seule, tu n'(avoir) plus de copains.
Alors je (prendre) l'avion et j'(aller) faire un grand voyage avec ma meilleure copine / mon meilleur copain.	(Alors je **prendrais** l'avion et j'**irais** faire un grand voyage avec ma meilleure copine/mon meilleur copain.)
(Et vous **iriez** où? Vous **visiteriez** quel pays?)	Et vous (aller) où? Vous (visiter) quel pays?
Nous (partir) par exemple au Canada chez mon oncle. On (habiter) chez lui. Il nous (dire) où il y a des belles choses à voir.	(Nous **partirions** par exemple au Canada chez mon oncle. On **habiterait** chez lui. Il nous **dirait** où il y a des belles choses à voir.)
(Et vous **feriez** comment pour monter dans le bus ou dans le train?)	Et vous (faire) comment pour monter dans le bus ou dans le train?
Ma copine / Mon copain m'(aider) bien sûr. Et nous (demander) aux gens. Ils nous (aider) aussi. Ils (porter) mon fauteuil. Je (se battre) pour vivre des choses intéressantes.	Ma copine/Mon copain m'**aiderait** bien sûr. Et nous **demanderions** aux gens. Ils nous **aideraient** aussi. Ils **porteraient** mon fauteuil. Je **me battrais** pour vivre des choses intéressantes.

* (Übung 19) Fakultativ außer BW, BE, HB, ST und TH.

20 Le journal de Lucie et Marvin → nach SB Ü3, S. 28

a *Lisez ce site Internet.*

b *Trouvez les réponses aux questions et soulignez les réponses dans le texte.*

| Accès | Présentation | Nouvelles |

Lucie et Marvin nous écrivent d'Oulan Bator, la capitale de la Mongolie, où ils sont partis visiter les programmes d'*Action contre la faim*. Ils ont été choisis pendant la Course contre la faim en 2005. En Mongolie, ils sont suivis par un caméraman pour préparer le film qui sera diffusé dans les collèges avant la Course contre la Faim 2006.

Lucie est élève en 3ᵉ au collège Edouard Quéau à Ploudalmézeau près de Brest (29).
Marvin est élève en 3ᵉ au collège Le Village à Trappes (78).

Journal du 26 octobre 2005

LUCIE

Ce matin, accompagnés de trois employés d'*Action contre la faim*, nous avons visité une distribution de repas chauds pour les personnes défavorisées dans un des quartiers pauvres d'Oulan Bator. J'avais peur de notre «visite» parce que je ne savais pas ce que j'allais voir. Lorsque nous sommes entrés, j'ai d'abord regardé les personnes qui entraient dans le centre et qui s'installaient à table. Ensuite je suis allée voir les cuisines où les personnes d'*Action contre la faim* préparaient les repas. Elles ont distribué un repas à chaque personne assise à table: enfants, adultes et personnes âgées. Marvin et moi, nous sommes allés discuter avec quatre enfants qui mangeaient ensemble. Au début ils ne voulaient pas être photographiés, seul le plus jeune (4 ans) a accepté. Les trois autres, des filles de 8, 13 et 14 ans paraissaient beaucoup plus jeunes que leur âge. C'est une réalité qui est dure à accepter pour moi, les enfants étaient très petits pour leur âge. A ce moment, j'ai eu envie de rester avec eux pour jouer, pour les faire rire ... je voulais me rapprocher d'eux ... Nous avons appris que les enfants vivaient avec leurs parents (deux dans un appartement et deux dans un foyer) mais comme les parents travaillaient, ils venaient manger ici tout seuls. Ils nous ont dit qu'ils aimaient venir ici et se retrouver pour manger.
Les regards de ces enfants étaient très émouvants et très durs. A la fin, ils ont tous accepté de se faire photographier avec nous. Lorsque je suis partie, j'avais les larmes aux yeux en pensant à ces enfants.

MARVIN

Ce matin, nous sommes allés à la Soup Kitchen (soupe populaire) pour rencontrer des personnes défavorisées qui mangent souvent un seul repas par jour. Certaines de ses personnes vivent dans un foyer, mais d'autres vivent dans la rue. Le personnel d'*Action contre la faim* a distribué du thé au début du repas, puis du riz avec de la sauce. Parfois il y a de la viande dans la sauce, parfois des légumes. Ce centre distribue donc des repas chauds à midi et les personnes peuvent prendre une ration de plus pour leur repas du soir ou pour les autres membres de leur famille qui n'ont pas pu venir. Nous avons sympathisé avec un groupe d'enfants qui étaient beaucoup plus grands que nous le pensions. J'ai eu l'impression que toutes ces personnes étaient dérangées par les caméras avec lesquelles nous voulions faire un reportage sur leur tristesse et la misère dans laquelle elles vivent.

 Internet

---

1. Qui a écrit ce journal?
2. Où est-ce que les deux élèves sont allés?
3. Que fait *Action contre la faim* à Oulan Bator? Pourquoi?
4. Quel âge ont les enfants? Qu'est-ce qui est bizarre pour Lucie et Marvin?
5. Pourquoi est-ce que les enfants viennent au centre sans leurs parents?
6. Qu'est-ce que le personnel d'*Action contre la faim* prépare à manger?
7. Pourquoi est-ce que Lucie et Marvin font un film? Est-ce que les enfants aiment quand on les filme? Pourquoi?

auto-contrôle

1 Qu'est-ce qu'on dit en français?

Du diskutierst mit französischen Freunden, weil ihr einen Aufsatz auf Französisch über Ungerechtigkeit schreiben sollt.

1. Du sagst, dass das Leben in einer Gemeinschaft nicht immer einfach ist.

___

2. Du bist der Meinung, dass man seine Vorstellungen verteidigen und gegen Ungerechtigkeiten ankämpfen muss.

___

3. Du meinst, dass man dazu viel Mut und auch Willen braucht.

___

4. Du sagst, dass man eine Demonstration organisieren könnte.

___

5. Man könnte auch die ganze Schule mobilisieren, indem man Briefe schreibt und Plakate erstellt.

___

___

2 Vocabulaire

Complétez le filet de mots.

Pendant son entretien, Karol est magnifique. Elle a …

<u>les cheveux</u>

<u>longs, blonds</u>

___

___

___

___

___

Tu connais le nom de ces parties du corps? (Körperteile)

<u>les cheveux</u>

___

___

___

___

___

___

3 Les verbes irréguliers (G 9)

Complétez avec la forme correcte des verbes.

infinitif	imparfait	futur	conditionnel	allemand (infinitif)
venir	je _____	_____	_____	_____
se souvenir	je _____	_____	_____	_____
savoir	tu _____	_____	_____	_____
être	il _____	_____	_____	_____
faire	elle _____	_____	_____	_____
aller	on _____	_____	_____	_____
avoir	nous _____	_____	_____	_____
devoir	vous _____	_____	_____	_____
voir	ils _____	_____	_____	_____
vouloir	elles _____	_____	_____	_____

4 Conditionnel ou imparfait?* (G 11)

Complétez avec la forme correcte des verbes.

1. Si tout le monde _____ (parler) la même langue, il y _____ (avoir) moins de problèmes.

2. La vie _____ (être) moins intéressante, si tous les jeunes _____ (avoir) les mêmes idées.

3. Si nous _____ (penser) tous la même chose, nous _____ (vouloir) tous habiter

   dans le même pays, nous _____ (regarder) tous les mêmes films et nous _____ (faire)

   tous le même sport. 4. Si notre vie _____ (être) comme ça, notre monde _____ (s'écrouler).

5 La négation (G 13)

Il est minuit. Le petit Nicolas et son frère Olivier sont à la maison. Leurs parents ne sont pas là.

Complétez les réponses. Utilisez les négations.

| ne ... personne | ne ... ni ... ni ... | ne ... rien | ne ... plus | ne ... jamais |

1. *Nicolas:* Ecoute, Olivier, il y a quelqu'un dans le salon. – *Olivier:* Mais non, il n'a rien .

2. *Nicolas:* Si. J'ai entendu quelque chose. – *Olivier:* Moi, je n'entends personne.

3. *Nicolas:* C'est peut-être la voisine. – *Olivier:* Non, elle n'a jamais réveillée à minuit.

4. *Nicolas:* Alors c'est peut-être son chien. – *Olivier:* Non, je te dis que ce n'est ni la voisine ni son chien.

5. *Olivier:* Et maintenant, tu entends encore le bruit? – *Nicolas:* Non, je n'entends plus .

   C'était sûrement un chat sur le balcon. Allez, va dormir maintenant.

32 trente-deux   * (Übung 4) Fakultativ außer BW; BE, HB, ST und TH.

W **Tu te rappelles?**

6 Le discours indirect

Camille et Anne sont au café. Tout à coup, quelqu'un téléphone à Camille: c'est Coralie.

Camille: Salut Coralie. Ça va?
1. *Coralie:* Non, je n'ai pas la super forme. Je suis fatiguée.
2. *Camille:* Oh, zut! Tu vas au club de volley cet après-midi?
   Coralie: Non je ne peux pas venir. Je ne me sens pas bien. J'ai mal à la tête. Mais demain je vais au collège. J'ai une interro de français et ma prof n'est jamais malade!
3. *Camille:* Tu viens avec nous au ciné demain soir?
   Coralie: Oui, si vous allez au ciné, je viendrai avec vous. J'espère que ma mère sera d'accord. Quel film vous allez voir? Moi, je voudrais voir le dernier film de Luc Besson. Mais je ne sais pas à quelle heure il passe.
4. *Camille:* Je vais regarder avec Anne. Et on t'appelle.
   Coralie: Vous êtes super!

Quand Camille a fini de téléphoner, Anne veut tout savoir. *Ecrivez* **les réponses de Coralie** *au* **discours indirect**.

Anne: Raconte-moi. Comment va Camille?

Camille: 1. Elle dit qu'_____ et _____.

2. Elle dit qu'elle _____.

   Mais elle dit que demain, _____
   _____

3. Elle dit aussi que _____
   _____

   Elle demande _____
   Elle dit qu'_____
   _____

4. Et bien sûr, elle dit qu'_____

VOC ## 7 Des petits mots

a *Traduisez en français.*

1. früh   **tôt**   2. spät _____   3. sehr _____
4. zu/zu viel _____   5. also _____   6. immer _____
7. wohl/gut _____   8. ob _____   9. viel _____

b *Utilisez ces «petits mots» dans les phrases suivantes:*

1. Cet hiver, il fait _____ froid, et il neige _____. _____ c'est génial! Eric fait du ski tous les week-ends. 2. Le samedi, il se lève _____, et il prend le bus à 6 heures. Ses parents lui demandent _____ il n'est pas _____ fatigué, quand il rentre _____ du ski, le soir à minuit. 3. Mais il leur répond _____ la même chose: «Je suis fatigué, mais les copains c'est le plus important pour moi. Je me sens _____ avec eux.»

PORTFOLIO
Lektion 1–2

Meine Sprachkenntnisse

Jetzt lernst du schon im 4. Jahr Französisch. Dafür hast du schon mal ein großes Lob verdient! Du hast sicherlich weitere Fortschritte gemacht, doch es kommt immer wieder Neues hinzu. In deinem Portfolio kannst du dir deine Lernentwicklung vor Augen führen.

- Trage das Datum, an dem du dich testest, in die entsprechende Spalte ein („Klappt super!", „Kann ich schon ganz gut!" …).
- Nach ein paar Tagen kannst du dich erneut testen und das aktuelle Datum in die sicherlich „bessere" Spalte eintragen.

Hören

Ich kann …	Klappt super!	Kann ich schon ganz gut!	Ich möchte besser werden!	Ich werde noch üben!	Teste dich durch folgende Übungen:	So kannst du dich weiter verbessern:
… einfache Interviews mit Sportlern verstehen.					→ Portfolio-Aufgabe 1, CdA S. 36	Höre noch einmal die Dialoge, SB L1A, und mache dazu SB S. 12, Ü 1.
… Aussagen von Personen über ihre Wohnsituation verstehen.					→ Portfolio-Aufgabe 2, CdA S. 36	
… Berichte über Hilfsprojekte verstehen.					→ SB L2B. Höre den Text und mache dazu SB S. 25, Ü 1.	CdA S. 24, Ü 9

Miteinander sprechen

Ich kann …						
… ein Gespräch über Zukunftspläne führen.					CdA S. 9, Ü 7	CdA S. 13, Ü 14 b (mündlich)
… über meine Wohnsituation und mein Verhältnis zu meinen Nachbarn sprechen.					SB S. 32, *On fait des révisions* Ü 1	Spielt den Dialog aus CdA S. 21, Ü 3 b.
… Wünsche und Vermutungen äußern sowie zu möglichen Ereignissen Stellung nehmen.					CdA S. 29, Ü 19	Spielt den Dialog aus CdA S. 22, Ü 5. SB S. 22, Ü 3
… eine andere Person interviewen.					CdA S. 17, *auto-contrôle* Ü 1	Erarbeitet Fragen / Interviews mit euch bekannten Personen (Pop-/TV-Stars, Sportler, Freunde …).

34 trente-quatre

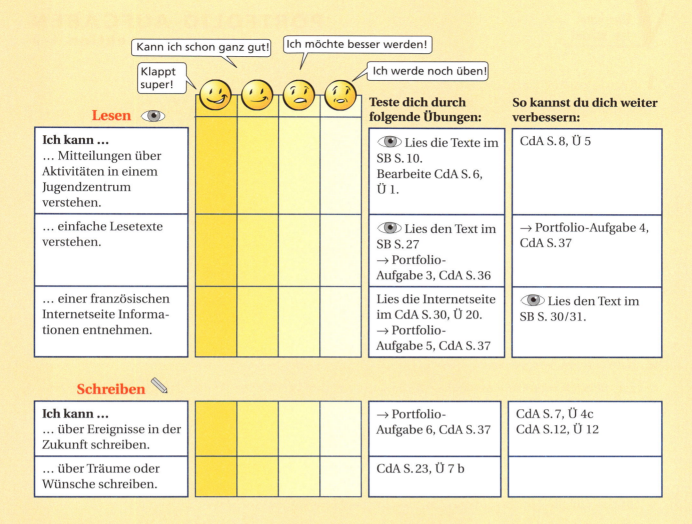

Kann ich schon ganz gut!
Klappt super!
Ich möchte besser werden!
Ich werde noch üben!

Lesen 👁

Teste dich durch folgende Übungen:	So kannst du dich weiter verbessern:
Ich kann … … Mitteilungen über Aktivitäten in einem Jugendzentrum verstehen.	👁 Lies die Texte im SB S. 10. Bearbeite CdA S. 6, Ü 1.	CdA S. 8, Ü 5
… einfache Lesetexte verstehen.	👁 Lies den Text im SB S. 27 → Portfolio-Aufgabe 3, CdA S. 36	→ Portfolio-Aufgabe 4, CdA S. 37
… einer französischen Internetseite Informationen entnehmen.	Lies die Internetseite im CdA S. 30, Ü 20. → Portfolio-Aufgabe 5, CdA S. 37	👁 Lies den Text im SB S. 30/31.

Schreiben ✏

	Teste dich durch folgende Übungen:	So kannst du dich weiter verbessern:
Ich kann … … über Ereignisse in der Zukunft schreiben.	→ Portfolio-Aufgabe 6, CdA S. 37	CdA S. 7, Ü 4c CdA S. 12, Ü 12
… über Träume oder Wünsche schreiben.	CdA S. 23, Ü 7 b	

Meine Lern- und Handlungsstrategien

	Schon ausprobiert.	Werde ich noch ausprobieren.	Hier kannst du die Strategie noch einmal nachlesen und üben.
Zuhören und verstehen.			SB S. 17, Ü 4 👥 CdA S. 14, Ü 15.
Französische Originaltexte verstehen.			SB S. 28, Ü 3 und CdA S. 28/29, Ü 18.
Meine eigenen Strategien auswählen.			CdA S. 3

Die französische Kultur und meine eigene

💜 *Schreibe die Antworten auf ein Extra-Blatt und lege es in deinem Dossier ab. Informationen zum Dossier findest du auf Seite 89.*

Was hast du in Lektion 1 + 2 Neues über Frankreich erfahren?

Was ist in Frankreich anders als in deiner eigenen Kultur, was ist genauso oder ähnlich?

Vergiss nicht, dein Dossier mal wieder aufzuräumen. Sortiere deine neuen Arbeiten, die dir besonders gut gefallen, in dein Dossier ein und nimm dafür ein paar ältere, die dir nicht mehr so gut gefallen oder die nicht mehr aktuell sind, heraus.

trente-cinq **35**

PORTFOLIO-AUFGABEN
Lektion 1–2

1 Rendez-vous avec deux champions (HV-Text SB L1A)

Lisez les phrases. Ecoutez le texte et soulignez (unterstreicht) la bonne solution.

1. Larbi Benboudaoud a commencé le judo …
   a) à 10 ans.
   b) à 12 ans.
   c) à 13 ans.
2. Larbi a deux frères …
   a) sportifs.
   b) qui adorent le cinéma.
   c) qui sont champions.
3. Larbi adore …
   a) les conseils.
   b) travailler.
   c) les voyages.
4. Malia fait …
   a) de la compétition.
   b) de la natation depuis l'âge de 9 ans.
   c) du volley.
5. Malia a commencé la compétition …
   a) à 4 ans.
   b) à 9 ans.
   c) à 19 ans.
6. Quand Malia est arrivée en France, elle a …
   a) choisi la natation.
   b) eu chaud.
   c) eu un choc.
7. Malia ira …
   a) en finale.
   b) aux Jeux Olympiques.
   c) en Guyane.
8. Eric a …
   a) créé le handibasket.
   b) commencé le handisport après son accident.
   c) gagné des médailles.

2 Vivre avec ses voisins (HV-Text SB L 2A)

Lisez les phrases, puis écoutez le texte. C'est vrai, faux ou pas dans le texte?
Corrigez les trois phrases fausses dans votre cahier.

	Vrai	Faux	Pas dans le texte.
1. Souvent, Martin ne connaît pas le nom de ses voisins.	☐	☐	☐
2. Les voisins de William aiment les fêtes qu'il fait avec ses voisins.	☐	☐	☐
3. William a une copine.	☐	☐	☐
4. Paul doit déménager très souvent à cause de son boulot.	☐	☐	☐
5. Paul va bientôt déménager.	☐	☐	☐
6. Paul aime beaucoup la musique.	☐	☐	☐
7. Céline vit seule avec sa mère.	☐	☐	☐
8. Ses voisins ont deux enfants.	☐	☐	☐
9. Dans l'immeuble de Louise, les vieux n'intéressent personne.	☐	☐	☐

3 La loi du plus beau (Lesetext SB L2C)

Lisez le texte et trouvez les phrases qui vont ensemble.

1 Karol cherche un boulot.
2 Marc regarde sa montre et soupire.
3 Marc fait passer des entretiens.
4 Marc lit les CV des candidats.
5 Karol a un physique de top model.
6 Karol parle plusieurs langues.
7 Karol a catché l'annonce sur le web.
8 Les cheveux de Karol deviennent courts et roux.
9 Karol a été un top model pendant 90 minutes.

A Marc regarde si les candidats ont fait des stages.
B Karol n'a pas de travail.
C Karol parle l'anglais, l'italien et l'allemand.
D Karol a trouvé l'annonce sur Internet.
E Marc pose des questions aux candidats.
F Karol n'a plus ses cheveux longs et blonds.
G Karol est grande et svelte.
H Marc se sent fatigué.
I Karol a eu un physique de star pendant une heure et demie.

1 → B
2 → ☐
3 → ☐
4 → ☐
5 → ☐
6 → ☐
7 → ☐
8 → ☐
9 → ☐

36 trente-six

4 Un truc bizarre *(Lesetext CdA S. 28, Ü 18)*

Lisez le texte et corrigez les quatre phrases fausses dans votre cahier.

1. Olivier a trouvé un truc électronique qui a la forme d'un carton.

2. Olivier peut mettre le vieil ordinateur dans sa poche.

3. Le grand-père d'Olivier n'a pas pu installer le vieil ordinateur.

4. MC Solaar était un chanteur de rap.

5. On peut regarder des photos sur le vieil ordinateur.

6. En 2055, on dit que faire du sport, ce n'est pas bon pour le physique.

7. En 2055, Olivier tape ses e-mails à la main.

8. Olivier peut lire des textes en regardant dans ses lunettes.

9. Olivier trouve que c'est facile de taper des textes sur l'ordinateur.

5 Le journal de Lucie et Marvin *(Lesetext CdA S. 30, Ü 20)*

Lisez le texte et complétez les phrases.

1. Oulan Bator est la capitale de _____ . 2. Lucie et Marvin ont visité les programmes

_____ . 3. Les programmes d'*Action contre la faim*

donnent des _____ chauds aux personnes qui n'ont pas d'argent. 4. Les personnes d'*Action*

contre la faim distribuent des repas à des _____ , des _____ et à des

personnes âgées 5. Marvin et Lucie ont _____ avec quatre enfants. 6. Les enfants à

Oulan Bator étaient _____ pour leur âge. 7. Les enfants vivaient avec _____

_____ , mais ils mangeaient _____ parce que leurs parents

_____ . 8. A la «soupe populaire», on rencontre des personnes défavorisées qui

_____ souvent un seul repas _____ .

6 Ma vie au futur

Comment sera ta vie quand tu auras 40 ans? Ecris un texte en 120 mots.
Tu peux utiliser les mots suivants:

avoir une famille / des enfants / une maison / une voiture …; travailler comme …; faire du sport / de la musique; passer mes vacances ….; habiter à / en …; aider …

LEÇON 3

d'abord

VOC 1 Qu'est-ce que c'est? → nach Texteinführung

Complétez la grille. Quelle est la solution (le mot en bleu)? N'oubliez pas les accents!

1. Un magasin où on vend des gâteaux, c'est une ?
2. Il faut de la volonté et du ? pour aller vivre dans un autre pays.
3. Au travail, on parle d'un chef ou d'un ? .
4. Si un élève a des meilleures notes qu'avant, on peut dire qu'il a fait des ? .
5. Une jeune qui apprend un métier, c'est une ? .
6. Travailler en France, c'est une bonne ? pour Pia.
7. «Avec l'aide de» = « ? à».
8. Quelqu'un qui n'habite pas dans son pays vit à l' ? .

Solution: _____

2 Je veux que tu sois contente.* (G16) → nach d'abord

a *Regardez la grammaire G16 page 103.*

b *Ecoutez le texte. Complétez avec les formes des verbes au subjonctif.*

c *Lisez les phrases deux fois pour bien mémoriser (im Gedächtnis behalten) le subjonctif.*

Annabelle fait un stage à Stuttgart dans une boulangerie. Elle raconte:

1. Mon patron **veut que** ses apprentis _____ sérieux.

2. **Il veut** aussi **que** ses apprentis _____ beaucoup de progrès. Il est super sympa.

3. Certains parents **ont peur que** leurs enfants _____ à l'étranger.

4. Mais mes parents **sont très contents que** je _____ une expérience en Allemagne.

5. **Ils sont contents que** je _____ l'allemand toute la journée.

6. Le boulanger m'a dit: **Je voudrais que** tu _____ plein de nouvelles recettes.

7. Le jour du départ, il m'a dit: **C'est dommage que** tu _____ ton stage aujourd'hui et **que** tu ne _____ pas rester encore un mois. C'était vraiment super avec toi.

38 trente-huit   * ⟨Übung 2⟩ Fakultativ außer BW, BE, BB, RP und TH.

atelier A

3 Deux Européens → *nach SB Ü 1, S. 40*

Grâce aux mots-clés, faites le portrait de Yannick et de Florence dans votre cahier. Votre livre reste fermé!

née – Belgique – bourse – Erasmus/Socrates – Berlin – assistante – compris – prof – agence de voyages – amour

ans – Dijon – divorcés – père – restaurant – mère – aille – Stuttgart – anglais – italien – apprentissage – fasse – Allemagne

4 L'Europe? → *an beliebiger Stelle*

a *Qu'est-ce que c'est pour vous l'Europe? Faites un filet de mots. N'oubliez pas d'écrire le nom du pays.*

b *Faites des groupes de quatre élèves, échangez vos idées et discutez. Vous pouvez faire un poster sur l'Europe. Chaque groupe présente ses idées à la classe. Regardez aussi page 81 (en situation) pour présenter vos idées.*

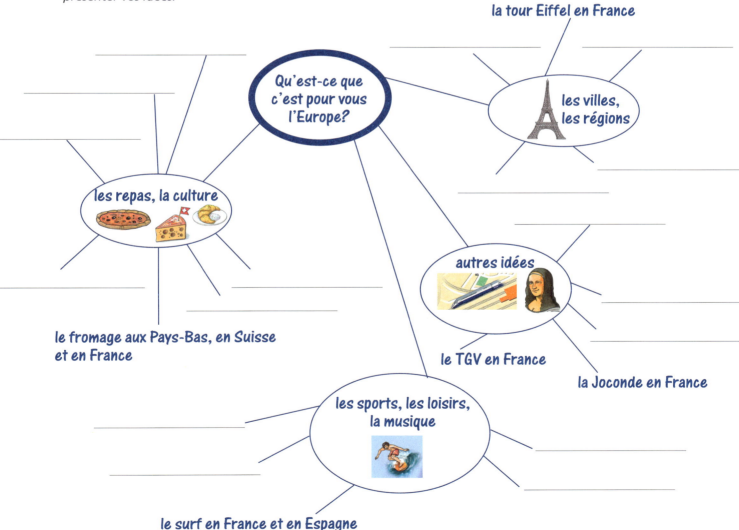

3

5 Il est sérieux et il travaille sérieusement. (G 17) → vor SB Ü 3, S. 40

a *Complétez le tableau.*

Les adjectifs (m./f.)	Les adverbes	Les adjectifs (m./f.)	Les adverbes
facile/facile			premièrement
	difficilement	sûr/sûre	
	heureusement	grave/grave	
normal/normale		fier/fière	
	activement		vraiment

b *Soulignez le verbe, l'adjectif, le nom ou la phrase qui accompagne (begleitet) le mot que vous devez trouver. Complétez ensuite avec l'**adjectif** ou l'**adverbe**.*

> **!** L'ad**verbe** accompagne un **verbe**, un **adjectif** ou une **phrase**.
> L'**adjectif** accompagne un **nom** ou le **verbe** *être*.

1. Quand il faut que Pauline travaille au marché le samedi, elle **se lève**

   généralement à 6 h 30.

2. Mais hier soir, il y avait une soirée _____ super à la MJC et

   elle est rentrée tard chez elle. Alors ce matin, elle s'est réveillée trop tard.

3. Elle n'a pas pu prendre son petit-déjeuner _____.

   Elle a vite bu un peu de thé et elle est partie en scooter un peu en retard …

4. Tout à coup, son scooter s'arrête. Zut! C'est la cata!

   Elle a _____ oublié de prendre de l'essence.

5. Quand elle arrive au marché en poussant son scooter, ses collègues ont fini

   de monter le stand. Les _____ clients sont déjà là.

6. Elle se sent _____ gênée, elle dit à son patron:

   Vous êtes _____ en colère. Vous savez, _____

   je ne suis pas en retard, mais …

7. Son patron qui est très sympa lui dit en riant: Pauline ce n'est pas _____!

   Allez, ce n'est pas _____. Ça peut arriver! Et maintenant, au travail.

8. Pauline aide _____ les autres vendeurs. Elle aime bien vendre les fruits

   sur le marché. Ce n'est pas un travail _____ et elle adore parler avec les clients.

9. Elle est _____ de gagner un peu d'argent pour payer l'essence de son scooter

   parce que ce n'est pas _____ de trouver un travail quand on est encore élève.

1. général

2. vrai

3. tranquille

4. malheureux

5. premier

6. vrai/sûr/
   normal

7. sérieux/
   grave

8. actif/difficile

9. fier/facile

40 quarante

6 C'est dommage qu'elle n'aime pas tes vêtements.* (G 16)

Sophie et Marc se disputent souvent avec leurs parents à cause de leurs vêtements.
Sophie explique son problème à sa copine Anne.

a *Trouvez les expressions qui entraînent le subjonctif et soulignez-les en bleu.*

b *Trouvez les 10 subjonctifs dans le texte, puis soulignez-les en rouge.
Entourez la terminaison du subjonctif en rouge. (Kreist die Endung ein.)*

Sophie: Ma mère veut toujours que je m'habille avec des vêtements qui lui plaisent. Elle ne veut pas que j'achète des jeans cool. Elle me dit toujours: «Il faut que tu achètes des jeans de bonne qualité.» Et moi,
5 je les trouve moches, trop classiques. Je voudrais aussi des T-shirts avec une forme et des couleurs sympas, pour les jeunes. Elle adore le bleu et moi je déteste cette couleur. Il faut toujours qu'on discute pendant des heures avant de partir
10 faire du shopping. Et à la fin, on n'est toujours pas d'accord…

Anne: C'est dommage qu'elle n'aime pas la mode jeune. Et pour ton frère, est-ce que c'est le même problème?

Sophie: Oui. Lui, il veut que mes parents lui donnent 15 de l'argent tous les mois pour ses vêtements. Comme ça, il pourrait les acheter tout seul.
Mais mes parents ont peur qu'il s'achète seulement des chaussures de sport et qu'il porte ses vieux jeans usés. Marc et moi, il faut que nous en parlions 20 ensemble.

Anne: Oui, et il faut que vous en parliez aussi avec vos parents. Moi, mes parents me donnent de l'argent pour mes vêtements et je dois me débrouiller. Au début, je dépensais trop d'argent. Mais maintenant, 25 ça marche bien.

c *Complétez la grille avec les verbes du texte au subjonctif.
Comparez le subjonctif avec le présent de ces **verbes en -er**.
Qu'est-ce que vous remarquez?*

subjonctif				présent		
Il faut	**que/qu'**	je	m'habill___ e	je	m'habill___	e
…		tu	_____ _____	tu	_____	_____
		on	_____ _____	on	_____	_____
		nous	_____ _____	nous	_____	_____
		vous	_____ _____	vous	_____	_____
		ils	_____ _____	elles	_____	_____

7 Qui entend le subjonctif?* → (G 16)

△ Amélie apprend l'allemand en classe. Plus tard, elle voudrait travailler dans la restauration.
Sa mère voudrait bien qu'elle parte à l'étranger. Un peu comme sa nouvelle copine Pia qui fait
un stage en France. La mère d'Amélie parle à sa fille.

a *Ecoutez les phrases une première fois.*

b *Ecoutez les phrases une deuxième fois et levez la main quand vous entendez un verbe au subjonctif.*

---

* ⟨Übung 6⟩ Fakultativ außer BW, BE, BB, RP und TH.
* ⟨Übung 7⟩ Fakultativ außer BE, BB und RP.

3

8 Jeune fille au pair¹ en France → *nach SB Ü6, S. 41*

a *Ecoutez l'émission une première fois. Cochez les réponses correctes.*
Attention, il y a plusieurs réponses correctes!

☐ 1. C'est une émission de télévision.
☐ 2. C'est un reportage sur les étrangers en France
à la radio.
☐ 3. Ce sont les informations à la radio.
☐ 4. L'émission s'appelle *Partager*.

☐ 1. Julia est à Hambourg.
☐ 2. Julia est dans le studio de la radio.
☐ 3. Julia est à Bordeaux.
☐ 4 Julia est au téléphone.

b *Lisez les phrases. Ecoutez une deuxième fois l'émission et répondez aux questions.*

1. D'où vient Julia? _____.

2. Quel âge ont les enfants dont Julia s'occupe? _____.

3. Qu'est-ce que Julia apprend à ces enfants? _____
_____.

4. Quand est-ce que les petits enfants sont à l'école en France? _____.

5. Qu'est-ce que Julia adore faire quand les enfants sont à l'école? _____
_____.

6. Où est-ce que Julia rencontre ses amis français? _____.

---

atelier B

9 Vrai ou faux? → *nach Texteinführung*

a *Lisez les phrases. Sont-elles vraies ou fausses?*

	Vrai	Faux
1. On peut payer en euros partout en Europe.	☐	☐
2. Le nombre des étoiles sur le drapeau européen restera toujours le même.	☐	☐
3. Entre 1870 et 1945, l'Allemagne et la France ont fait deux fois la guerre.	☐	☐
4. L'Union européenne existe depuis 1957.	☐	☐
5. En 2002, on a introduit l'euro.	☐	☐
6. Avant, l'Union européenne s'appellait la Communauté économique européenne.	☐	☐

b *Contrôlez vos solutions puis corrigez les phrases fausses dans votre cahier.*

2, 5, 6 = vrai

_____

_____

_____

---
1 **une jeune fille au pair** ein Au-pair-Mädchen

42 quarante-deux

10 Les jeunes européens dans l'Europe cyber → nach SB Ü 5, S. 45

a *Trouvez les noms de ces pays en allemand.*

français	allemand
Les Pays-Bas	
La Suède	
Le Royaume-Uni	

b *Regardez les statistiques, interprétez-les et comparez (vergleicht).*

Exemples:

> En Espagne, il y a **61 %** des jeunes qui utilisent l'ordinateur.
>
> En Allemagne, seulement **52 %** des jeunes utilisent l'ordinateur.
>
> Les jeunes espagnols utilisent **plus** l'ordinateur **que** les jeunes allemands.
>
> En Espagne ont utilise **moins** l'ordinateur **qu'**aux Pays-Bas.

△ **c** *Comparez la France ou l'Allemagne aux autres pays. Quels chiffres vous étonnent (überraschen euch)? (Regardez la stratégie dans le livre p. 45)*

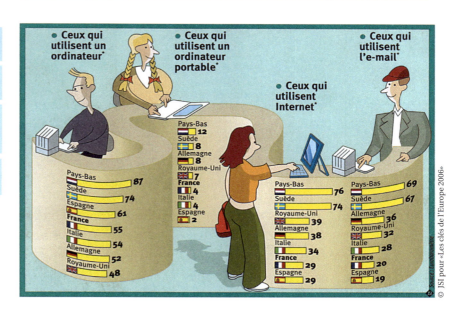

11 Ce que les jeunes racontent dans leurs blogs. (G 18) → nach SB Ü 3, S. 44

a *Complétez avec **ce qui** ou **ce que/ce qu'**.*

> ! ce qui (Subjekt)
> ce que (Objekt)

1. Grâce à Internet, les jeunes européens peuvent se rencontrer sur des chats ou des forums, _____ leur permet d'échanger leurs avis.

2. _____ est très intéressant aussi, ce sont les blogs. On y découvre _____ les jeunes des autres pays font, _____ ils aiment.

3. Malheureusement, _____ reste un problème, c'est la langue. Les jeunes français adorent utiliser le langage SMS, _____ n'est pas facile à comprendre pour nous, les élèves allemands, parce qu'on ne l'apprend pas à l'école.

4. Alors c'est difficile de lire _____ les Français écrivent dans leurs blogs ou leurs SMS. Vous savez par exemple _____ veut dire «je t'M»?
   Bravo! Allez, slt tlm[2]!

 b *Pour vous aider à comprendre un mot ou une expression en langage SMS, vous trouverez plein de sites Internet. Cherchez sur «google.fr» ou «yahoo.fr» et tapez: langage SMS.*

---

1 **utiliser** gebrauchen, benutzten – 2 **slt tlm** = Salut tout le monde!

3

12 Pour être européen aujourd'hui, il faut …* (G 16) → nach SB Ü 5, S. 45

La grand-mère de Yannick n'a pas eu la chance de profiter de l'Europe quand elle était jeune. Elle souhaite que Yannick en profite.

Ecrivez ce que souhaite la grand-mère de Yannick.

! souhaiter que …
+ subjonctif

Je souhaite que …

1. tu (voyager) _____ dans beaucoup de pays.

2. tu (s'intéresser) _____ aux habitants d'autres pays.

3. tu (avoir) _____ le courage de travailler à l'étranger.

4. tu (faire) _____ des efforts pour connaître nos voisins européens.

5. tu (être) _____ content de rencontrer des gens différents.

6. tu (pouvoir) _____ accepter les différences.

7. tu (apprendre) _____ des langues étrangères.

8. tu (être) _____ contre la guerre et pour la paix avec les autres pays européens.

9. tu (comprendre) _____ comment marchent les institutions européennes.

atelier C

13 L'Auberge espagnole en questions → nach Texteinführung

a *Lisez les phrases et trouvez les cinq bonnes réponses.*

1. Xavier est un étudiant parisien qui
   - ☐ a) veut aller travailler en Espagne.
   - ☐ b) décide de continuer ses études en Espagne.
   - ☐ c) espère rencontrer une Espagnole à Paris.
   - ☐ d) parle le catalan.

2. Xavier et Isabelle se rencontrent
   - ☐ a) sur la plage.
   - ☐ b) en cours d'économie.
   - ☐ c) pendant leur stage.
   - ☐ d) pendant la visite d'un appartement.

3. Leur prof d'économie fait son cours
   - ☐ a) en wallon.
   - ☐ b) en espagnol.
   - ☐ c) en flamand.
   - ☐ d) en catalan.

4. Xavier voudrait qu'Isabelle vienne habiter dans son appart
   - ☐ a) comme ça, le loyer serait moins cher.
   - ☐ b) parce qu'Isabelle parle le français.
   - ☐ c) car Isabelle fait bien la cuisine.
   - ☐ d) parce qu'elle habite dans une chambre pourrie.

🔊 **b** *Ecoutez le texte de la leçon pour contrôler vos solutions.*

44 quarante-quatre   * (Übung 12) Fakultativ außer BE, BB, und RP.

14 L'entretien de Xavier → *nach Texteinführung*

a Regardez sur la photo les colocataires de Xavier dans le film *L'Auberge espagnole* de Cédric Klapisch. Comme Isabelle, Xavier a eu un entretien avec les colocataires avant d'habiter avec eux.
Imaginez quelles questions Tobias (l'Allemand), Wendy (l'Anglaise), Lars (le Danois), Alessandro (l'Italien) et Soledad (l'Espagnole) posent à Xavier. Qu'est-ce qu'ils veulent savoir sur Xavier? Vous pouvez utiliser les expressions suivantes:

- faire la vaisselle
- écouter quelle musique
- téléphoner longtemps
- se lever à quelle heure
- faire les courses
- beaucoup manger
- ranger ses affaires
- parler l'espagnol

 b *Vous faites des groupes de six élèves. Vous jouez la scène: cinq élèves posent des questions, Xavier répond. Vous dites bonjour à Xavier, vous lui donnez à boire, vous vous présentez … Vous lui posez vos questions. Vous pouvez aussi lui dire ce que vous ne voulez pas!*

15 Critiques de films → *an beliebiger Stelle*

a *Lisez ce que Lucie pense du film «L'Auberge espagnole» dans le Forum du Cinéma. Trouvez les mots qui sont abrégés (abgekürzt) ou en langage SMS et écrivez le texte correctement dans votre cahier.*

L'avis de **Lucie** en ligne	L'Auberge espagnole = Gnial! Moi, je pars cette année à l'étranG avec Erasmus et je vais partaG mon appart avec 1 Allde et 1 Anglais!! C'est 1 film ki donne vrm envie 2 rencontrer D jeunes de tt les nationaliT, 2 bouG, 2 voyaG ds le monde!! Alors k est ce kon attend pour préparer notre sakado! Slt à ts! Lucie

 b *Quel film avez-vous vu au cinéma ou en DVD il n'y a pas longtemps? Quelle est l'histoire? Vous avez aimé ce film? Pourquoi? Il est drôle, triste …? Ecrivez une critique de ce film (en français correct!) pour votre correspondant français en 180 mots environ.*

▽ 16 Xavier est français. → *nach SB Ü2, S. 47*

> **!** Xavier **est f**rançais. C'est **un F**rançais. Il parle **le f**rançais.

Complétez avec les nationalités ou les pays corrects.

1. Eros Ramazotti est _____ (I), il chante en _____ (I) et en _____ (GB).
2. Picasso était _____ (E) il parlait l'_____ (E) et le _____ (F).
   Il est né à Málaga en _____ (E) et il a vécu longtemps à Paris, à Montmartre.
3. Heidi Klum est une _____ (D), elle parle l'_____ (D) et l'_____ (GB).
4. David Beckham est un joueur de foot _____ (GB). Il parle bien sûr l'_____ (GB).
5. En _____ (B), on parle le _____, le _____ et le _____ (F).
6. Tu connais des acteurs du Danemark? – Non, je ne connais aucun acteur _____ (DK).
7. Ma famille habite à Bruxelles, nous sommes _____ (B).

3 17 Polyglotte → an beliebiger Stelle

a *Lisez la BD et écrivez l'histoire à votre corres qui n'a pas lu la BD.
Ecrivez aussi pourquoi la fin est drôle. (Ecrivez environ 180 mots).*

b *Quand est-ce que vous avez utilisé une langue étrangère? Dans quelle situation?
Vous étiez où, avec qui …? Racontez à votre voisin/voisine?*

c *Choisissez une image de la BD et décrivez-la à votre voisin/voisine. Votre voisin(e) doit trouver l'image
que vous décrivez. Dites comment les gens sont habillés. Qui pense quoi? Où sont-ils? Quel temps fait-il?
Qu'est-ce qu'il y a devant, derrière, à droite, à gauche du dessin? Ensuite échangez les rôles.*

> Dans le Sud de la France, on parle avec un accent. Quelques mots sont typiques du Sud, comme «peuchère»
> et la fin des mots n'est pas muette comme dans le Nord. On entend même presque un «g» après le «n»[1].

---

1 Le français parlé dans le Sud de la France: **peuchère** = dis donc – **bieng** = bien –
ong = on – **causer** = parler – **cong** = con (Dummkopf *fam.*) – **té** = tiens

auto-contrôle

1 Qu'est-ce qu'on dit en français?

Du sollst einen Vortrag auf Französisch über Europa halten.

1. Du sagst, dass es zwischen 1870 und 1945 drei Kriege zwischen Frankreich und Deutschland gegeben hat.

2. Du bist der Meinung, dass die Mehrheit der Jugendlichen sich nicht genug für Europa interessiert.

3. Du sagst, dass es schade sei, dass einige europäische Länder den Euro nicht benutzen.

4. Du bist der Meinung, dass alle Europäer Fremdsprachen lernen sollten.

5. Zum Schluss sagst du, dass du gern mit Mitbewohnern aus unterschiedlichen Nationalitäten zusammen wohnen möchtest.

2 Les conjugaisons* *(G 16)*

a *Soulignez les expressions qui entraînent le subjonctif en bleu et les verbes au subjonctif en rouge.*

Demain matin, Mélanie qui habite à Bordeaux, part pour Hambourg. Elle va y faire un stage dans un restaurant grâce au programme Sokrates.

1. *Mélanie:* Je suis contente parce que je vais beaucoup parler l'allemand.
   Il faut que je comprenne les clients du restaurant!
2. *Sa mère:* Il te faut un dictionnaire français-allemand pour partir, non?
3. *Mélanie:* Oui, bonne idée. Mais il faut que nous en achetions un, je n'en ai pas.
4. *Sa mère:* Je suis vraiment contente que tu aies la chance de partir. Quand j'étais jeune, on ne pouvait pas partir si facilement. Il n'y avait pas tous ces programmes européens.
5. *Mélanie:* Dis maman, est-ce qu'il faut que je prenne des vêtements chauds?
6. *Sa mère:* Oui, je crois qu'il pleut souvent à Hambourg. Il faut que tu t'habilles chaudement et que tu prennes un anorak et des pulls.
7. *Mélanie:* Bon, il faut que je pense à tout: le plan de Hambourg, mon billet de train … C'est dommage que je n'aie pas d'appareil photo.
8. *Sa mère:* Tu veux que je te prête mon appareil?
9. *Mélanie:* Super. Merci. Et si je veux t'appeler au téléphone, quel numéro faut-il que je fasse pour la France?
10. *Sa mère:* Alors attends, il faut que je regarde … Ah, voilà, c'est le 0033.

*(Übung 2) Fakultativ außer BW, BE, BB, RP und TH.

b *Complétez les formes des verbes.*

infinitif	présent	subjonctif
regarder	je **regarde** _____	... que je **regarde** _____
apprendre	tu _____	... que tu _____
être	elle _____	... qu'elle _____
faire	nous _____	... que nous _____
aller	vous _____	... que vous _____
avoir	ils _____	... qu'ils _____

3 Vocabulaire de l'Europe

Reliez les éléments. Trouvez la solution.

Y le passeport ___ européenne
E circuler **Y** bordeaux
O le Conseil ___ à douze étoiles
B les pays ___ membres
L les droits ___ de l'Europe
M le drapeau ___ de l'homme
S l'Union ___ librement

Solution: ___ **Y** ___ ___ ___ ___ ___

4 Les adverbes *(G 17)*

Complétez avec les adverbes.

actif   facile   général   normal   sérieux   vrai   malheureux

1. Depuis trois mois, je cherche _____ _____ un petit boulot. _____, je ne suis pas _____ compliqué. Mais la semaine dernière, on m'a proposé un job que je n'ai pas voulu: il fallait que je quitte la ville où j'habite avec ma copine! Alors, je cherche encore. _____, je ne trouve rien.

2. Moi, j'ai trouvé un boulot marrant. Je m'occupe des animaux des personnes qui sont en vacances. _____, je vais chez les gens et je donne à manger aux animaux. Mais en ce moment, j'ai pris un chien chez moi. C'est drôle, on parle _____ avec plein de gens quand on a un chien. C'est un boulot marrant, mais je le fais _____ parce que j'adore les animaux.

5 Ce qui ne va pas dans notre appart. *(G 18)*

*Complétez les phrases avec **ce qui/ce que/ce qu'**.*

! **ce qui** + Verb
ce que + Subjekt + Verb

1. Carmen, ma colocataire espagnole, met la musique fort, _____ me dérange pour dormir.
2. Jenny, la Canadienne, se douche pendant des heures, _____ je trouve très mauvais pour l'environnement.[1]
3. Sébastien, le Français, ne range jamais ses affaires, _____ m'énerve beaucoup.
4. Steve fume[2] dans la maison, _____ ses colocataires détestent.
5. Et Lucie? Je me demande bien _____ elle fait toute la journée.

---
1 **l'environnement** *(m.)* die Umwelt – 2 **fumer** rauchen

W **Tu te rappelles?**

6 Pronoms relatifs *qui, que, où*

*Complétez avec le bon **pronom relatif**.*

Sculpture des droits de l'homme devant le Conseil de l'Europe.

1. Demain, les élèves de la classe de Frédéric iront à Strasbourg _____ ils vont visiter le Parlement européen. Vers 7 h 30, ils monteront dans le bus _____ les attendra devant le lycée.

2. Cette semaine, ils ont préparé des questions _____ ils vont poser à un homme politique.

3. A Strasbourg, ils vont voir la sculpture[1] des droits de l'homme _____ est devant le Conseil de l'Europe. Ils liront le texte _____ est écrit dessus.

4. Après, les élèves et leur prof feront une pause dans un parc _____ ils mangeront leur pique-nique.

5. Après le repas, ils iront se promener au centre-ville _____ il y a beaucoup de magasins sympas. Ils pourront acheter des CD français!

6. Pour finir, ils visiteront la vieille gare _____ est très belle et _____ les touristes visitent, même quand ils ne viennent pas en train à Strasbourg!

7 Comparatif et superlatif de l'adjectif «bon»

*Complétez avec les formes de **bon**.*

! bon/bonne → meilleur/meilleure (que)
→ le meilleur/la meilleure (de)

1. Dans cette boulangerie, les croissants sont _____ les gâteaux.

   En France, on trouve vraiment _____ croissants du monde.

2. A mon avis, le pain allemand est _____ le pain espagnol.

3. Je trouve que _____ cafés du monde sont les cafés autrichiens[2].

4. Mon colocataire italien dit que les pizzas italiennes de sa grand-mère

   sont _____ monde!

5. Mon frère adore la mousse au chocolat. C'est vrai que c'est un _____ dessert. Mais il trouve

   que la mousse au chocolat est _____ une bonne glace italienne.

   Pour moi, la glace _____ toutes les glaces, c'est la glace au melon.

6. Le père de Yannick est un cuisinier européen: il trouve que la cuisine française est aussi

   _____ la cuisine italienne.

---
[1] **une sculpture** [ynskyltyr] eine Skulptur   [2] **autrichien/autrichienne** österreichisch

LEÇON 4

d'abord

✓ 1 Carnet de voyage → nach d'abord

Relisez le texte puis fermez votre livre. Trouvez les bonnes réponses. (Il y a huit réponses correctes!)

1. **Eric vient du**
   ☐ Sénégal.
   ☐ Canada.
   ☐ Québec.

2. **Pendant deux ans,**
   ☐ Eric a travaillé pour gagner l'argent du voyage.
   ☐ Eric a fait un voyage.
   ☐ Eric a travaillé tous les soirs.

3. **Eric va à la Martinique**
   ☐ pour découvrir une île des Antilles.
   ☐ pour voir le carnaval.
   ☐ pour visiter Dakar.

4. **Avec Régine, il découvre**
   ☐ la cuisine martiniquaise.
   ☐ la cuisine québécoise.
   ☐ la cuisine malgache.

5. **Un babakoto, c'est**
   ☐ un vieil homme malgache.
   ☐ un animal qui vit à Madagascar.
   ☐ un jeune Sénégalais.

6. **A Dakar, Eric**
   ☐ n'a jamais dormi.
   ☐ a rencontré un enfant des rues.
   ☐ a parlé avec Régine.

2 Ici, on parle le français! *(G 19)*

a *Trouvez les noms des pays et de leurs habitants … Complétez le tableau.*

	les pays	les habitants	la/les langue(s)	les adjectifs *(m./f.)*
🇨🇭	la Suisse	un Suisse, une Suisse	le français, l'allemand, l'italien	suisse, suisse
🇫🇷				
🇪🇸				
🇮🇹				
🇩🇰				
🇬🇧				

b *Trouvez les mots qui manquent dans les phrases 1 et 2. D'après ces phrases, préparez cinq phrases à trous (mit Lücken) pour votre voisin/voisine.*

1. J'ai une amie _____, elle habite à Copenhague.

2. Eric a visité Dakar: il a adoré la cuisine _____.

50 cinquante

atelier A

3 Eric arrive à la Martinique. → *nach Texteinführung*

Complétez les phrases.

1. A la Martinique, Eric a de la chance car il peut habiter chez Régine. Comme beaucoup de Martiniquais, Régine parle deux langues: le français et le _____. Elle est très sympa et elle ne veut pas beaucoup d'argent pour la chambre: Elle lui fera un _____.

2. Ils fêtent le carnaval ensemble. Tous les gens portent des vêtements marrants: ils sont _____. Et Joséphine, _____ de Régine est la _____ de Fort-de-France.

3. A la fin du carnaval, on _____ le roi Vaval, mais c'est seulement une _____ ! Ce jour-là, les gens _____ en noir et blanc.

4 Les pays francophones → *an beliebiger Stelle*

a *Quatre jeunes parlent de leur vie. Ecoutez les textes, trouvez **le pays** et **la ville** où ils habitent.*

Les pays/régions	Rachid	Finoana	Franck	Lucie
Le Québec				
Madagascar				
Le Maroc	X			
La Martinique				
Les villes				
Fort-de-France				
Casablanca				
Case-Pilote				
Agadir				
Montréal				
Antananarivo				
Québec				
Tuléar				

b *Ecoutez encore une fois les quatre jeunes et prenez des notes. Qu'est-ce qu'ils font dans la vie?*

Rachid _____

Finoana _____

Franck _____

Lucie _____

cinquante et un **51**

5 Je prends lequel?* (G 20) → nach SB Ü 3, S. 52

a Eric va au marché de Fort-de-France. Il cherche des cadeaux pour sa famille et ses amis. Mais ce n'est pas facile! *Qu'est-ce qu'Eric pense? Complétez avec* **lequel, laquelle, lesquels, lesquelles**.

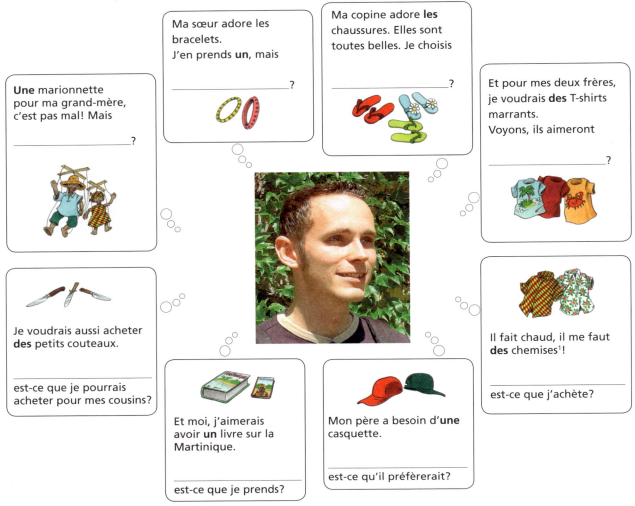

- Une marionnette pour ma grand-mère, c'est pas mal! Mais _____ ?
- Ma sœur adore les bracelets. J'en prends **un**, mais _____ ?
- Ma copine adore **les** chaussures. Elles sont toutes belles. Je choisis _____ ?
- Et pour mes deux frères, je voudrais **des** T-shirts marrants. Voyons, ils aimeront _____ ?
- Je voudrais aussi acheter **des** petits couteaux. _____ est-ce que je pourrais acheter pour mes cousins?
- Et moi, j'aimerais avoir **un** livre sur la Martinique. _____ est-ce que je prends?
- Mon père a besoin d'**une** casquette. _____ est-ce qu'il préfèrerait?
- Il fait chaud, il me faut **des** chemises[1]! _____ est-ce que j'achète?

b *Eric achète des cadeaux. Faites à deux le dialogue entre Eric et un vendeur du marché.*

Le vendeur: Bonjour, jeune homme. Regarde mes beaux bracelets! Ils te plaisent?
Eric: Oui, je veux acheter un cadeau pour ma sœur. Ils coûtent combien?
Le vendeur: **Lesquels** est-ce que tu aimes? Les bleus? Les jaunes? Je te fais un prix d'ami. Deux euros …

6 Qu'est-ce que ça veut dire?* (G 21)

Trouvez la phrase correcte.

1. Joséphine est une fille martiniquaise **dont** le grand-père est au chômage.
   - a) Joséphine est au chômage.
   - b) Le grand-père de Joséphine est au chômage.
   - c) La petite-fille de Régine est au chômage.

2. Voilà Eric, le jeune étudiant **dont** le père est médecin.
   - a) Eric est médecin.
   - b) Le père d'Eric est médecin.
   - c) Eric est le médecin de son père.

3. La reine **dont** je parle, c'est ma petite-fille Joséphine, de Fort-de-France.
   - a) Je parle de Fort de France.
   - b) Je parle de Joséphine.
   - c) Je parle de ma fille.

4. C'est exactement le livre **dont** ma sœur a besoin.
   - a) C'est exactement le livre de ma sœur.
   - b) J'ai besoin de ce livre.
   - c) Ma sœur a besoin de ce livre.

[1] **une chemise** ein Hemd

atelier B

7 Eric à Madagascar → nach Texteinführung

Comparez ces phrases avec le texte du livre page 54 et trouvez les 13 fautes.
Ecrivez les phrases correctes dans votre cahier.

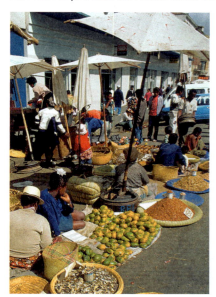

1. Sur le marché, Eric trouve beaucoup de lémuriens qui font des sculptures en rocher.
2. Les hommes vivaient à Madagascar avant les lémuriens.
3. On peut voir des mangues au Lemurs' Park qui se trouve au centre-ville.
4. Eric va à Antananarivo en taxi.
5. Dans le parc, Eric a mangé une mangue.
6. Eric voit deux lémuriens aux grands yeux verts.
7. Eric raconte l'histoire des lémuriens à Gerson.

8 Comment Eric avait préparé son voyage?* (G 22) → nach SB Ü 3, S. 56

Faites des phrases au plus-que-parfait.

Eric: Quand je suis arrivé à Madagascar,

1. je / travailler / pour gagner de l'argent / pendant deux ans

_____

2. ensuite / aller / dans une agence de voyages / je

_____

3. mon oncle / une carte de Madagascar / m'offrir

_____

4. je / mes étapes / réfléchir pour préparer

_____

5. d'hôtel / ne pas réserver / avant de partir

_____

6. des livres / lire / sur la Martinique et Madagascar / je.

_____

*⟨Übung 8⟩ Fakultativ außer BY, HH, HE und RP.

4

△ **9 Eric raconte son voyage.*** *(G 22)* → *nach SB Ü 3, S. 56*

a *Lisez le texte et choisissez le temps dont vous avez besoin (passé composé [pc], imparfait [imp]*
ou plus-que-parfait [pqp]).

Avant le voyage d'Eric à la Martinique	Pendant le séjour d'Eric à la Martinique
Vorvergangenheit **plus-que-parfait**	**Vergangenheit** **passé composé/imparfait**

b *Ecrivez les verbes à la bonne forme.*

Quand il rentre au Canada, Eric raconte son voyage à des amis.

> ! Die Signalwörter helfen euch:
> d'abord, après → passé composé
> tous les jours → imparfait
> avant → plus-que-parfait

1. A la Martinique, je ____**(pc) suis resté**____ d'abord une
   _(rester)

   semaine chez Régine et Eugène. C'était vraiment super, il _____ beau tout le
   _(faire)

   temps et je _____ tous les jours. Au mois de février!
   _(se baigner)

2. Avant, je _____ à la Martinique.
   _(ne jamais aller)

3. Comme avant de partir, je _____ de chambre d'hôtel,
   _(ne pas réserver)

   Régine et Eugène m'_____ chez eux le premier jour.
   _(inviter)

4. Le lendemain, ils m'_____ de passer toute la semaine chez eux.
   _(proposer)

5. Tous les soirs, nous _____.
   _(discuter)

6. Eugène était au chômage. Il y a un an, il _____ son travail.
   _(perdre)

7. Un soir, Régine m'_____ des photos. Il y a 41 ans, elle
   _(montrer)

   _____ reine du carnaval!
   _(être)

8. Moi, je leur _____ du carnaval de Québec, qui se passe toujours sous la neige …
   _(parler)

10 Photos de voyage* *(G 23)* → *nach SB Ü 4, S. 56*

Après son retour, Eric montre quelques photos de son voyage à sa copine Mélanie.

Le participe passé s'accorde avec quel nom? Soulignez le nom. (Unterstreicht das Nomen, nach dem
sich das Partizip Perfekt richtet.) Ensuite, choisissez la bonne phrase.

1. Voilà <u>les photos</u> de Joséphine.
   - ☐ a) Je les ai envoyées à Régine.
   - ☐ b) Je l'ai envoyée à Régine.
   - ☐ c) Je les ai envoyés à Régine.

2. C'est la parade où j'ai rencontré Régine
   - ☐ a) que j'ai trouvé très sympa.
   - ☐ b) que j'ai trouvés très sympa.
   - ☐ c) que j'ai trouvée très sympa.

3. Sur cette photo, c'est l'auberge de jeunesse
   - ☐ a) que j'ai trouvé à Antananarivo.
   - ☐ b) que j'ai trouvée à Antananarivo.
   - ☐ c) que j'ai trouvés à Antananarivo.

4. Ici, tu vois un lémurien avec ma banane.
   - ☐ a) Il les a prises et il les a mangées!
   - ☐ b) Il l'a pris et il l'a mangé!
   - ☐ c) Il l'a prise et il l'a mangée!

5. Là, j'ai pris quelques artisans en photo.
   - ☐ a) Je les ai vus au marché.
   - ☐ b) Je l'ai vue au marché.
   - ☐ c) Je les ai vues au marché.

6. Voilà deux lémuriens en bois.
   - ☐ a) Je les ai découverts au marché.
   - ☐ b) Je l'ai découvert au marché.
   - ☐ c) Je les ai découvertes au marché.

54 cinquante-quatre   * ⟨Übung 9⟩ Fakultativ außer HE.
* ⟨Übung 10⟩ Fakultativ außer BY.

11 La Martinique, un département français → *an beliebiger Stelle*

a Vous faites un stage en France dans une agence de voyage. Vous devez faire une affiche sur la Martinique (en français bien sûr!) pour la vitrine de l'agence.
Lisez d'abord le guide touristique suivant (Reiseführer h.u.), et faites une affiche qui donne envie de partir à la Martinique. Vous pouvez chercher des photos et des informations supplémentaires sur la Martinique (Internet, prospectus).

b Des clients arrivent à l'agence et ne savent pas où partir cet été. *Vous leur présentez la Martinique à partir de votre affiche. Jouez la scène à quatre: deux stagiaires et deux clients (qui posent des questions).*

LA MARTINIQUE

Histoire
La Martinique a été découverte en 1502 par Christophe Colomb. L'île a été colonisée en 1635 par les Français qui y ont organisé le commerce à partir de 1664. En 1946, la Martinique est devenue département français d'outre-mer[1] avec la même structure administrative et politique que tous les départements français. Depuis 1957, elle fait donc partie de l'Union européenne! A 6800 kilomètres de la France, on utilise les euros et les timbres français!

Vie pratique
La vie à la Martinique est assez chère (250 g de beurre = 2,20 / 1 kg de pommes = 2,50) parce que sur cette île, il faut importer beaucoup de produits. Mais les habitants ne sont pas riches.
Quand il est midi à la Martinique, il est déjà 17 heures en France métropolitaine (en hiver) ou 18 heures (en été). Le climat est tropical, chaud et humide. La température moyenne est de 26°. De janvier à avril, il ne pleut pas et il fait entre 27° et 34°. De juillet à octobre, il pleut souvent et fait entre 20° et 30°. C'est aussi la période des cyclones.

Nature et vacances sportives
Vous aimez faire du sport dans une superbe nature? Alors choisissez **le nord** de la région, avec ses rivières ses belles cascades et le célèbre volcan: la Montagne Pelée. Dans cette partie de l'île, vous pourrez vous promener, faire du canyonning ou encore faire de la plongée dans une mer au sable noir.
A l'est de l'île, on ne peut pas se baigner. C'est trop dangereux, sauf pour les surfer courageux: certaines plages feront leur bonheur!

Culture
Si vous aimez les villes, l'histoire et les musées, il faut aller **dans la capitale**: Fort-de-France. Vous y verrez la Basilique du Sacré-Cœur qui est une copie exacte du Sacré-Cœur de Paris. Vous y trouverez aussi des musées, des salles de concert, des cinémas, bars, restaurants et des magnifiques marchés.

Plages
Dans **le sud**: sortez vos maillots de bain! Découvrez les plages de sable blanc avec des cocotiers et plongez dans l'eau bien chaude. Le sud est un endroit où il fait bon vivre, les soirées y sont agréables. Mais mettez dans votre sac un spray anti-moustiques car les moustiques sortent vers 17h–18h, lorsque le soleil se couche, et ils sont agressifs!
Les côtes **ouest et sud-ouest** ont un magnifique sable blanc. Idéal pour ceux qui adorent faire du surf et de la planche à voile.

---
[1] **un département d'outre-mer** ein Übersee-Departement

4

atelier C

12 Maintenant, Eric est arrivé au Sénégal. → nach Texteinführung

a *Complétez les phrases.*

b *Mettez les phrases dans le bon ordre et écrivez les chiffres dans les cases. Trouvez la solution.*

☐ **O** Eric trouve un guide, Babakar, qui se débrouille comme il peut pour _____.

☐ **G** A l'Ecopole, Eric voit des jeunes qui fabriquent des _____ et des valises.

☐ **A** Le lendemain, Babakar montre à Eric un _____ qui aide les enfants des rues: l'Ecopole.

☐ **Y** Eric et Babakar vont à l'hôtel dont Babakar connaît le _____.

☐ **E** On explique à Eric qu'on vend les _____ de l'Ecopole dans beaucoup de pays. Même au Canada!

☐ **V** Des jeunes _____ attendent les touristes à l'aéroport de Dakar.

Solution: __ __ __ __ __ __
           1 2 3 4 5 6

13 Mots cachés → *nach Texteinführung*

Trouvez les mots cachés. N'oubliez pas les accents.

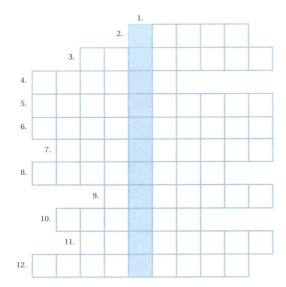

1. Un pays où on parle le français, c'est un pays ? .
2. Les lémuriens habitent dans la ? .
3. Quand la vie est difficile, on se débrouille pour ? .
4. En Afrique, il est très chaud: c'est le ? .
5. Un quartier avec des maisons en tôle, c'est un ? .
6. Les femmes qui vivent en Afrique sont des ? .
7. Les hommes qui vivent au Maroc sont des ? .
8. Pour prendre l'avion, on va à l' ? .
9. Quand on n'a plus de travail, on est au ? .
10. Une langue parlée à la Martinique: c'est le ? .
11. A la gare, on y met les valises. C'est la ? .
12. Quand on va en vacances, on rapporte des ? .

14 Quel pull? – Celui-ci!* (G 24) → *nach SB Ü 5, S. 59*

Avant de partir pour son voyage, Eric va faire des courses. Il parle avec les vendeurs et les vendeuses qui l'aident à choisir. *Faites des dialogues avec **celui-ci, celle-ci, ceux-ci et celles-ci**.*

La Vendeuse: Vous prenez quelles lunettes? – Je prends celles-ci, les oranges … Il me faut encore…

15 A l'office de tourisme → nach SB Ü4, S. 59

Quand Eric arrive à Dakar, il va à l'office de tourisme et demande des informations en français.

a *Travaillez à deux et jouez le dialogue. Contrôlez les réponses de votre partenaire.*

b *Echangez les rôles.*

A (Eric)	B (Une dame de l'office de tourisme)
Eric begrüßt die Dame an der Auskunft. Er fragt, wo er ein günstiges Hotel in Dakar finden kann.	(Bonjour madame. Où est-ce que je peux trouver un hôtel pas cher à Dakar?)
(Oh! Ils sont tous complets. Mais il y a une auberge de jeunesse.)	Die Frau antwortet, dass alle ausgebucht sind. Es gibt aber eine Jugendherberge.
Eric fragt, ob die Jugendherberge von hier aus weit weg ist.	(Est-ce que l'auberge de jeunesse est loin d'ici?)
(L'auberge de jeunesse est au centre-ville. Vous pouvez y aller à pied.)	Die Frau antwortet, dass die Jugendherberge im Stadtzentrum ist. Eric kann zu Fuß dorthin gehen.
Eric bittet die Frau, ihm den Weg auf dem Stadtplan zu zeigen.	(Est-ce que vous pouvez/pourriez me montrer le chemin sur le plan, s'il vous plaît?)
(Bien sûr, je vais vous le montrer. A partir d'ici, vous prenez la première rue à gauche, puis la deuxième rue à droite. Après, c'est toujours tout droit.)	Die Frau antwortet, dass sie ihm natürlich den Weg zeigen wird. Von hier aus soll er die erste Straße links, dann die zweite Straße rechts nehmen, danach immer geradeaus.
Eric fragt noch, ob sie ihm Informationen über Dakar geben könnte.	(Pourriez-vous me donner des informations sur Dakar?)
(Voilà des dépliants avec tous les renseignements sur les musées et sur la région autour de Dakar.)	Die Frau gibt Eric Broschüren mit allen Auskünften über die Museen und die Region um Dakar.
Eric bedankt und verabschiedet sich.	(Merci beaucoup, madame. Au revoir.)

16 Le voyage de mes rêves → an beliebiger Stelle

a *Lisez les phrases. Ecoutez le texte une première fois.*
b *Ecoutez le texte une deuxième fois et cochez les bonnes réponses.*
A Fort-de-France, Eric fait la connaissance de Marine qui vient de Grenoble.

1. A Fort-de-France, le matin,
   ☐ il ne fait pas trop chaud.
   ☐ ce n'est pas agréable dans les rues.
   ☐ Il n'y a personne dans les rues.

2. Marine veut acheter
   ☐ des fruits.
   ☐ un paréo.
   ☐ un T-shirt.

3. Marine ne veut pas acheter de fruits
   ☐ parce qu'ils sont trop lourds.
   ☐ parce qu'elle n'aime pas les fruits.
   ☐ parce que les ananas ne sentent pas assez bon.

4. Eric achète
   ☐ deux fruits.
   ☐ n'achète pas de fruits parce qu'ils sont trop lourds.
   ☐ un ananas.

5. Eric a trouvé des T-shirts.
   ☐ Vrai.
   ☐ Faux.
   ☐ Pas dans le texte.

6. Marine veut faire une pause
   ☐ parce qu'elle est fatiguée.
   ☐ parce qu'Eric est sûrement fatigué.
   ☐ parce qu'elle voudrait manger de l'ananas.

c *Tu racontes un voyage que tu as fait: C'était où? Quand? Qu'est-ce que tu as fait? Tu as rencontré des personnes intéressantes? Tu peux aussi raconter un voyage dont tu rêves. Tu dis ce que tu aimerais faire et voir. Tu as dix minutes pour préparer tes mots-clés. Tu racontes ton voyage à ton/ta partenaire en trois minutes.*

17 Quiz sur les pays francophones → *an beliebiger Stelle*

Cochez la bonne réponse.

1. La biguine, c'est
   ☐ une danse martiniquaise.
   ☐ une recette de cuisine.
   ☐ une langue.

2. Le créole, c'est
   ☐ un bidonville.
   ☐ un marché malgache.
   ☐ une langue.

3. Au Maroc, on parle
   ☐ seulement l'arabe.
   ☐ seulement le français.
   ☐ le français et l'arabe.

4. La capitale de Madagascar, c'est
   ☐ Antananarivo.
   ☐ Fort-de-France.
   ☐ Dakar.

5. En Martinique, les gens payent avec
   ☐ des euros.
   ☐ des francs martiniquais.
   ☐ des dollars martiniquais.

6. Eric vient du Canada, il est
   ☐ Québécois.
   ☐ Malgache.
   ☐ Sénégalais.

7. Le Sénégal est
   ☐ en Europe.
   ☐ en Afrique.
   ☐ au Maroc.

8. Un pays francophone, c'est un pays
   ☐ où on parle le français.
   ☐ qui est à côté de la France.
   ☐ où on ne parle pas le français.

18 Tout le bonheur du monde → *an beliebiger Stelle*

a Qu'est-ce que le bonheur¹ pour vous? Travaillez à deux. Faites un filet de mots en trois minutes. Puis échangez votre filet de mots avec le filet d'un autre groupe. Comptez les points de l'autre groupe. Un point = un mot écrit correctement avec le bon article.

b Ecoutez la chanson de Sinsémilia sans lire le texte. C'est quel style de musique? Dans quelle situation est-ce que vous écouteriez cette musique? Combien de fois entendez-vous le mot bonheur?

c Maintenant vous pouvez lire le texte en écoutant la chanson. Le groupe de Sinsémilia* souhaite le bonheur aux jeunes. Soulignez les mots-clés qui représentent le bonheur des jeunes dans cette chanson. Comparez ces mots avec votre filet de mots et complétez-le.

A
On vous souhaite tout le bonheur du monde
Et que quelqu'un vous tende la main
Que votre chemin évite les bombes
Qu'il mène vers de calmes jardins.
On vous souhaite tout le bonheur
   du monde
Pour aujourd'hui comme pour demain
Que votre soleil éclaircisse² l'ombre
Qu'il brille³ d'amour au quotidien.

B
Puisque l'avenir vous appartient
Puisqu'on n'contrôle pas votre destin
Que votre envol⁵ est pour demain
Comme tout c'qu'on a à vous offrir
Ne saurait toujours vous suffire
Dans cette liberté à venir
Puisqu'on n'sera pas toujours là
Comme on le fut aux premiers pas.

C
Toute une vie s'offre devant vous
Tant de rêves à vivre jusqu'au bout
Sûrement tant d'joie⁴ au rendez-vous
Libres de faire vos propres choix
De choisir qu'elle sera votre voie
Et où celle-ci vous emmènera
J'espère juste que vous prendrez le temps
De profiter de chaque instant.

D
J'sais pas quel monde on vous laissera
On fait d'notre mieux, seulement parfois,
J'ose espérer que ça suffira⁶
Pas à sauver votre insouciance⁷
Mais à apaiser notre conscience
Pour le reste j'me dois d'vous faire confiance.

---

1 **le bonheur** das Glück – 2 **éclaircir l'ombre** den Schatten aufhellen – 3 **briller d'amour au quotidien** täglich vor lauter Liebe strahlen –
4 **la joie** die Freude – 5 **l'envol** (m.) der Abflug (hier: Start ins selbstständige Leben) – 6 **suffire** ausreichen – 7 **l'insouciance** (f.) der Leichtsinn
* Sinsémilia est un groupe de dix jeunes de Grenoble qui se connaissent depuis l'école. Leur musique est influencée par la musique des Antilles.

auto-contrôle

1 Qu'est-ce qu'on dit en français?

1. Du fragst nach dem Fremdenverkehrsbüro.

   Excusez-moi, où _____

2. Dort angekommen fragst du, wo du ein günstiges Hotel finden kannst.

   _____

3. Im Hotel fragst du, wo du deine Koffer lassen kannst.

   _____

4. Du fragst, wie du in das Stadtzentrum kommen kannst.

   _____

5. Du hättest gerne eine Broschüre über die Stadt.

   _____

6. Du suchst nach Informationen über den Eintrittspreis und die Öffnungszeiten des Museums.

   _____

   _____

2 Vocabulaire

Reliez les expressions/les mots qui vont ensemble.

1. La capitale sénégalaise …   … c'est être au chômage.
2. Pa ni pwoblem …   … c'est une île antillaise.
3. Ne pas avoir de travail …   … c'est un bidonville.
4. Un petit cahier …   … c'est le lémurien.
5. La Martinique …   … c'est l'île rouge.
6. Un animal de Madagascar …   … c'est «pas de problème» en créole.
7. Madagascar …   … c'est Dakar.
8. Un quartier avec des maisons en tôle … … c'est un carnet.

3 Les pays et les nationalités *(G 19)*

Complétez la grille.

1. le Canada	un **Canadien**	une Canadienne	le drapeau **canadien**
2. _____	_____	_____	la capitale malgache
3. la Martinique	_____	_____	un conte _____
4. _____	un Québécois	_____	un jeune _____
5. _____	_____	_____	la cuisine marocaine
6. _____	_____	une Antillaise	une recette _____

cinquante-neuf **59**

4 Les temps du passé* (G 22)

a *Lisez le texte à trous (Lückentext).*

b *Complétez avec les bonnes conjugaisons du passé.*

Avant le mariage Vorvergangenheit	Pendant/Après le mariage Vergangenheit	
	Handlung	Situation/Gewohnheit
plus-que-parfait	**passé composé**	**imparfait**

Eugène et Régine regardent des photos de famille avec Eric et ils se souviennent:

1. *Eugène:* Regarde Eric! Quand on __s'est mariés__ (se marier) en 1967, Régine _____ (avoir) 20 ans. Elle _____ (être) fantastique dans sa robe. 2. *Régine:* Ah oui, ma mère _____ (faire) cette robe deux mois avant le mariage. Nous _____ (inviter) cent personnes pour la fête. Ma famille _____ (préparer) _____ un grand buffet. Il _____ (faire) très beau. 3. *Eugène:* Ici, tu vois notre maison. Nous _____ (déménager) en 1969. Nous n'_____ (avoir) pas de voiture, alors nous _____ (faire) du vélo tous les jours pour aller au travail. Mais en 2005, l'usine _____ (fermer).

Régine: Et depuis deux ans, Eugène cherche du travail.

5 Lequel? Celui-ci.* (G 20, 24)

Complétez avec lequel/laquelle/lesquels/lesquelles et celui-ci/celle-ci/ceux-ci/celles-ci.

Eric est au marché avec Gerson où il découvre beaucoup de choses …

	Lequel?	Celui-ci.
1. Regarde! Tu as vu ce djembé?	**Lequel?**	**Celui-ci.**
2. Cet artisan a des jolis objets en bois.	_____	_____
3. Bonjour monsieur, la marionnette coûte combien?	_____	_____
4. Je voudrais cet objet en bois, s'il vous plaît.	_____	_____
5. Je vais prendre ce lémurien en bois, s'il vous plaît.	_____	_____
6. Tu connais les chapeaux malgaches?	_____	_____
7. On achète des salades?	_____	_____

* ⟨Übung 4⟩ Fakultativ außer BY und HE.
* ⟨Übung 5⟩ Fakultativ außer HE.

W Tu te rappelles?

6 Chacun ou chacune

a *Complétez les phrases avec **chacun** ou **chacune**.*

b *Traduisez ces phrases en allemand.*

1. Julie et Marie passent une semaine dans un camp de vacances en Bretagne avec un groupe de jeunes.

   Au camp, _____ peut choisir ses activités.

2. Dimanche, les deux filles ont fait _____ une rando, mais pas ensemble. Marie est partie en

   canoë et Julie à vélo.

3. A midi, le groupe de Marie a fait un pique-nique au bord de l'eau. _____ a mangé un sandwich

   et ensuite, tout le monde s'est baigné.

4. Julie, elle, est partie avec trois filles. Elles ont fait 40 km en canoë. Et le lendemain, _____

   a choisi une activité tranquille.

7 Le pluriel

a *Regardez les mots et marquez en bleu ceux qui sont au pluriel.*

mars	cadeaux	courses	lunettes	fourchette
gâteau	grands-parents	inconvénient	journaux	porte-bonheurs
yeux	soldes	horaires	loisirs	sac à dos

b *Mettez les mots au pluriel.*

un ananas	**des ananas** _____	un gâteau	_____
un bateau	_____	un site Internet	_____
un bureau	_____	un sac à dos	_____
un porte-bonheur	_____	un repas	_____
un œil	_____	un cadeau	_____
un journal	_____	un prix	_____
un maillot de bain	_____	un cheval	_____

8 Tout

a *Armelle arrive à la radio Jeunes-Lyon. Complétez avec les formes de **tout**.*

1. Jonathan lui montre _____ studio.
2. L'assistante lui explique _____ technique.
3. Jonathan lui présente _____ collègues.
4. Il lui donne _____ informations.

b *Traduisez.*

1. das ganze Interview _____
2. alle meine Freunde _____
3. die ganze Mannschaft _____
4. alle Lieder _____
5. jeden Tag _____
6. das ganze Material _____

soixante et un **61**

LEÇON 5

d'abord

1 Comme il faisait beau … *(G 25)* → nach d'abord

▽ **a** *Complétez avec **comme** ou **pendant que/qu'**.*

1. _____ il faisait beau, les Lebrun sont allés au bord de la mer. 2. _____ ils étaient sur l'autoroute, leur voiture est tombée en panne. 3. _____ ils avaient oublié leur portable, ils n'ont pas pu téléphoner. 4. _____ les Lebrun attendaient sur une aire d'autoroute, un homme a proposé de les aider. 5. _____ il était garagiste, il a pu réparer la voiture des Lebrun. 6. Une heure plus tard, les Lebrun sont arrivés à la plage de Bandol près de Marseille. _____ la mer était belle, les Lebrun sont allés se baigner tout de suite. 7. Mais _____ ils se baignaient, leurs affaires ont disparu. Alors les Lebrun …

b *Imaginez la fin de l'histoire. Qu'est-ce que vous feriez à la place des Lebrun ? Ecrivez dans vos cahiers.*

✓ 2 Elle est jeune, la commissaire. *(G 25)*

▽ **a** *Complétez avec **lorsque**, **parce que** ou **pendant que/qu'**.*

b *On peut toujours remplacer (ersetzen) **lorsque** par **quand**.
Relisez le texte en remplaçant tous les **lorsque** par **quand**.*

1. _____ les Lebrun sont sortis de l'eau, leurs affaires n'étaient plus là. 2. _____ ils se baignaient, un monsieur avait pris leur sac de plage et était parti tranquillement. 3. Mais il n'a pas eu de chance _____ une jeune fille qui était à côté de lui, l'a vu partir avec le sac des Lebrun. 4. _____ la jeune fille a dit au voleur : « Mais ce ne sont pas vos affaires ! », le monsieur n'a pas réagi, il a continué à marcher. 5. Seulement _____ la fille a crié : « Au voleur ! », le monsieur s'est retourné. 6. _____ la fille le regardait, il a ouvert son sac de plage et il a tout compris ! 7. C'était lui « le voleur » _____ il avait pris le sac de quelqu'un d'autre ! 8. _____ il expliquait à la jeune fille que son sac était pareil, les Lebrun sont arrivés encore tout mouillés. Alors le « voleur » leur a expliqué l'histoire, et pour s'excuser, il leur a payé une glace à tous, sans oublier la nouvelle « commissaire », bien sûr ! 9. _____ les Lebrun parlaient encore avec la jeune « commissaire », le monsieur a retrouvé son sac de plage 50 mètres plus loin !

62 soixante-deux

5

atelier A

3 Au gymnase de Charleval → nach Texteinführung

a *Reliez les phrases qui vont ensemble.*

b *Mettez-les dans le bon ordre et écrivez les chiffres dans les cases.*

c *Lisez les phrases dans le bon ordre à votre partenaire et comparez vos solutions.*

☐ Les Lebrun ont fait la connaissance des Pagano   Bruno a commencé à s'inquiéter.

☐ Tard dans la nuit, les Lebrun   il y avait déjà beaucoup de monde.

1 Lorsque les Lebrun sont arrivés au gymnase,   étaient restés deux jours au gymnase.

☐ L'année dernière, les Pagano   ont pu rentrer chez eux.

☐ Comme un pompier lui a donné une couverture pour la nuit,   qui avaient déjà l'habitude des feux.

4 Les Lebrun, les Pagano et les Richard* (G 26) → nach SB Ü 4, S. 64

*Complétez avec **le comparatif** et **le superlatif** des adjectifs et des adverbes donnés.*

! **L'adjectif est variable.**
L'adverbe est invariable.

1. La maison des Lebrun est _____ ⬈
   (grand)

   l'appartement des Richard.

   La ferme des Pagano.

   L'appartement des Richard est _____ ⬊
   (grand)

   la ferme des Pagano.

   La maison des Lebrun.

   La ferme des Pagano et la maison des Lebrun sont _____

   _____ ⬈ l'appartement des Richard.
   (grand)

   L'appartement des Richard.

2. Les Lebrun habitent _____ ⬌ d'Aix _____ les Pagano.
   (loin)

   Les Richard habitent _____ ⬊ d'Aix _____ les Pagano.
   (loin)

   Les Richard habitent _____ ⬇ d'Aix _____ trois familles.
   (loin)

3. Les Pagano vont _____ ⬊ à Paris _____ les Lebrun.
   (souvent)

   Les billets des Lebrun.

   Les Richard vont _____ ⬌ à Paris _____ les Pagano.
   (souvent)

   Les Lebrun y vont _____ ⬆ trois.
   (souvent)

   Le billet des Pagano et des Richard.

---

* ⟨Übung 4⟩ Fakultativ außer BY, BE, BB, HE, HH, SL und TH.   soixante-trois **63**

5 La France se bat contre les feux de forêt. → *an beliebiger Stelle*

a *Lisez deux fois cet article de journal et essayez de le comprendre sans dictionnaire. Vous pouvez souligner (unterstreichen) les mots-clés.*

La France se mobilise contre les feux de forêt.

PARIS, 15 juin 2006 – La France, dont quinze des 96 départements sont touchés par la sécheresse, intensifiera cet été la lutte contre les feux de forêts qui ont déjà brûlé plusieurs centaines d'hectares depuis le printemps.

Le ministère de l'Intérieur a prévu de créer 650 postes pour lutter contre le feu. Dans sa campagne contre le feu, il prévoit de mettre en service 23 avions bombardiers d'eau dont deux gros porteurs de 10 tonnes chacun, trois autres avions et huit hélicoptères pour aider les pompiers locaux. Les bombardiers d'eau seront utilisés dans deux cas: tout d'abord pour lutter contre les incendies, mais aussi pour la prévention dans les forêts à risque au mois d'août, par exemple lorsqu'il n'a pas plu du tout depuis trois mois, que la température n'est pas descendue au-dessous de 30 degrés, ou que le mistral souffle fort. Dans ces cas-là, les feux peuvent atteindre 500 degrés!

A cause de la sécheresse, la France a limité dans 15 départements l'usage de l'eau, à des degrés divers, allant de l'interdiction d'arrosage des jardins, du lavage des voitures à la limitation de l'irrigation des cultures (par ex. le maïs) par les agriculteurs.

Et pour les touristes cet été, voici quelques mesures à respecter absolument:
– N'allez pas dans la forêt les jours à risques (sécheresse en été, vent violent …).
– N'allumez jamais de feu en forêt (barbecue, cigarettes, feu de camp …).
– Ne campez sous la tente ou dans une caravane ni dans la forêt ni à moins de 200 mètres de la forêt (sauf dans un camping autorisé).
– Laissez les pistes forestières libres, et ne stationnez pas devant leurs barrières.
– En cas de fumée suspecte, il faut alerter les pompiers en composant le 112 d'un téléphone fixe ou mobile.

b *C'est vrai, faux ou pas dans le texte?*

	Vrai	Faux	Pas dans le texte.
1. C'est la sécheresse dans 15 départements français déjà en juin.	☐	☐	☐
2. On ne peut rien faire contre les feux de forêts.	☐	☐	☐
3. Les avions bombardiers d'eau peuvent porter jusqu'à 10 tonnes d'eau.	☐	☐	☐
4. Il y aura 25 avions bombardiers d'eau en plus cette année.	☐	☐	☐
5. Quand il n'y a pas assez d'eau en été, on n'a pas le droit de laver sa voiture.	☐	☐	☐
6. En hiver, il y a aussi la sécheresse en Provence.	☐	☐	☐
7. Il ne faut pas dormir sous la tente à 100 mètres de la forêt.	☐	☐	☐
8. On ne peut pas appeler les pompiers avec un portable.	☐	☐	☐
9. Le numéro de téléphone des pompiers, c'est le 112.	☐	☐	☐

6 La vie en Provence* (G 26, 27, 28) → nach SB Ü 6, S. 65

Adjectifs	Adverbes
meilleur/s ↗	mieux ↗
rapide/s	vite

*Complétez le dialogue avec **meilleur** ou **mieux**, **rapide** ou **vite**.*

M. Lebrun: Est-ce qu'il y a une ferme où on peut acheter du lait dans notre village? J'aimerais en acheter, car il est _____ que le lait du supermarché.

Mme Pagano: Non, malheureusement. Mais les œufs sont _____ chez mon voisin que dans les magasins d'Aix. Vous pouvez en acheter chez lui. Il vend aussi la _____ confiture de pêches du village.

M. Lebrun: Ah, très bien. On vit vraiment _____ ici qu'à Paris: On prend le temps de discuter, on est moins stressés. Bien sûr, les heures passent aussi _____ ici qu'à Paris. Mais dans la capitale, tout va plus _____ : Le métro est _____ et comme ça, on peut arriver _____ au travail …

Le soir, on ne fait pas la cuisine, on va _____ au resto avec les copains. On ne prend pas le temps de jouer tranquillement aux boules, comme ici.

Mme Pagano: Je crois que je ne pourrais pas vivre à Paris. D'ailleurs, vous savez, mon mari joue tous les jours aux boules en été. Il est le _____ joueur de boules du village!

M. Pagano: N'exagère pas! Je joue _____ que toi, c'est vrai. Mais tu ne joues pas souvent. Si vous avez le temps M. Lebun, venez donc jouer ce soir sur la place du village. On adore quand il y a des nouveaux joueurs.

atelier B

7 En Provence → nach Texteinführung

a *Relisez le texte B et faites un **filet de mots** pour ces trois spécialités de Provence.*

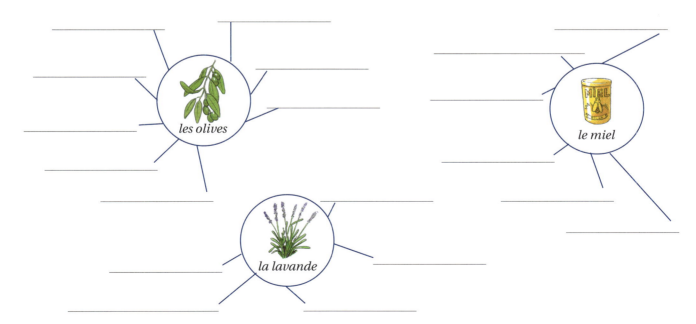

b *Faites des groupes de trois élèves. Chacun choisit une spécialité de la Provence et la présente aux autres. Utilisez votre filet de mots.*

*⟨Übung 6⟩ Fakultativ außer HE.

8 Le professeur demande pourquoi. → nach SB Ü3, S. 67

En classe, vous avez parlé de la Provence, mais tu n'as pas fait attention. Alors pour faire tes devoirs, tu téléphones à ta corres Léa qui habite en Provence.

Quand est-ce qu'on récolte les olives vertes en Provence?
Pourquoi est-ce qu'on met la lavande séchée dans des petits sacs?
Où est-ce qu'on mange le meilleur poisson de la région?
Est-ce qu'on récolte le miel en automne?
Comment est-ce que le vent de Provence s'appelle?

a *Tu expliques les questions à Léa (interrogation indirecte).*

1. Notre prof demande **quand on récolte les olives vertes en Provence.**
2. Puis il veut savoir _____
3. Ensuite, il demande _____
4. Et il demande _____
5. Il demande aussi _____

b *Tu complètes avec les réponses de Léa (discours direct).*

1. On récolte _____
2. _____
3. _____
4. _____
5. _____

9 A Charleval* (G 30) → nach SB Ü4, S. 67

a *Mettez les phrases à la forme active. Pensez aux temps: présent ou passé?*

Moi, je fais le miel.

1. Le miel est fait par les abeilles.

Les abeilles _____

2. Les olives et la lavande sont récoltées par M. Pagano.

_____

3. Le miel est vendu par M. et Mme Pagano.

_____

4. Les pêches sont ramassées en été.

_____

5. Cette année, les oliviers des Pagano n'ont pas été brûlés par le feu.

_____

66 soixante-six   * ⟨Übung 9⟩ Fakultativ außer HB und TH.

b *Mettez les phrases à la **forme passive**.*

Exemple:
Les pêches ont été ramassées par Mme Pagano.

1. Cette année, Mme Pagano a ramassé les fruits.
   <u>**Cette année, les fruits**</u> _____

2. Beaucoup de touristes visitent la Provence chaque année.
   _____

3. Les touristes achètent le miel et les olives toute l'année.
   _____

4. M. Pagano récolte les olives vertes en automne.
   _____

5. M. Pagano a récolté le miel de lavande au mois de mai.
   _____

 10 Vivre avec cinq litres d'eau par jour → *an beliebiger Stelle*

a *Ecoutez le texte une première fois en fermant les yeux.*

b *Ecoutez-le une deuxième fois. Prenez des notes en complétant la fiche:*

L'eau en France: _____
L'eau en Ethiopie/en Afghanistan: _____
Action contre la faim: _____
La famille de Christophe: _____

c *Essayez d'écrire dans votre cahier ce que vous avez compris. Dans quel pays est-ce qu'il manque de l'eau? Qu'est-ce qu'a organisé «Action contre la faim»? Qu'est-ce qui a été difficile pour la famille de Christophe?*

d *Comparez avec votre partenaire puis contrôlez en écoutant le texte une 3ᵉ fois.*

atelier C

11 Le plus grand port de France → *nach Texteinführung*

a *Relisez le texte dans votre livre à la page 68 et reliez les phrases qui vont ensemble.*

1	La soupe au pistou est une …	E	… est devenu une prison.
2	Les croquants marseillais sont une …	R	… mayonnaise à l'ail.
3	L'aïoli est une …	E	… aller à la plage en métro.
4	Le Château d'If …	A	… spécialité aux amandes ou à la lavande.
5	En 1634, le Château d'If …	L	… plus grand port de France.
6	Le Château d'If est devenu célèbre …	M	… soupe traditionnelle provençale.
7	A Marseille, il y a …	S	… a été construit en 1524 sur une île en face de Marseille.
8	Marseille est donc le …	I	… par un roman d'Alexandre Dumas.
9	A Marseille, on peut même …	L	… 20 kilomètres de port.

b *Trouvez la solution.* Solution: **M** _ _ _ _ _ _ _ _
   1 2 3 4 5 6 7 8 9

soixante-sept **67**

5

✓ 12 Une journée à Marseille → nach Texteinführung

a C'est vrai, faux ou pas dans le texte de votre livre page 69?

	Vrai	Faux	Pas dans le texte
1. Les Lebrun vont d'abord au Vieux-Port.	☐	☐	☐
2. Ils vont à la Canebière.	☐	☐	☐
3. Les Lebrun veulent acheter du poisson.	☐	☐	☐
4. La Canebière est un café avec une terrasse au Vieux-Port.	☐	☐	☐
5. Métis Ta Zik est un groupe de rock de Marseille.	☐	☐	☐
6. Le PSG est l'équipe de foot de Marseille.	☐	☐	☐

b Corrigez les trois phrases fausses dans votre cahier.

△ 13 L'interview de Mélanie (G 32) → nach SB Ü 3, S. 70

a Lisez l'interview pour le journal du collège et écrivez-la au **discours indirect** dans votre cahier.
Exemple: Mélanie **demande si** Estelle **écrit** ses chansons. Estelle **répond** …

> **!** Achtet auf die Pronomen.
> *tu* ⟶ *Estelle/elle*

demander si	vouloir savoir si		
dire que	répondre que	expliquer que	ajouter que

Mélanie: Bonjour Estelle. Est-ce que tu écris tes chansons?
Estelle: J'écris mes chansons avec une copine. J'adore écrire des textes avec elle.
Mélanie: Pourquoi est-ce que tes fans écoutent tes chansons?
Estelle: C'est parce que je parle de mon quartier, de choses vraies dans mes chansons.
   Je n'ai pas peur de parler de mes problèmes ni d'un copain qui est mort dans un accident de moto.
Mélanie: Est-ce que tu aimes les textes qui font réfléchir?
Estelle: Oui, c'est très important pour moi. Je me pose des questions et je le dis dans mes chansons …

b Maintenant, écrivez l'interview au **discours indirect au passé**.
Exemple: Hier, Mélanie **a demandé si** Estelle **écrivait** ses chansons. Elle **a répondu** …

14 Un quiz* (G 31) → vor SB Ü 5, S. 71

▽ Répondez aux questions avec **c'est/ce sont … qui** ou **c'est/ce sont … que/qu'**.

1. Quelle famille habite à Charleval? Les Leblanc ou les Lebrun?

_____

2. Est-ce que les Lebrun doivent quitter leur maison à cause du feu ou à cause du vent?

_____

3. Est-ce qu'il y a le feu à la plage ou dans la montagne?

_____

4. Qui fait aller les Lebrun au gymnase du collège? La police ou les pompiers?

_____

5. Qu'est-ce que les pompiers donnent aux Lebrun? Des couvertures ou des journaux?

_____

6. Qui écrit son aventure sur son blog? Léa ou Bruno?

_____

68 soixante-huit   * ⟨Übung 14⟩ Fakultativ außer BY, ST und TH.

15 Aix-en-Provence → *nach SB Ü6, S. 71*

 Ecoutez le guide et complétez.

1. Bonjour à tous et à toutes. Vous êtes en vacances à Aix-en-Provence, que j'ai le plaisir _____ _____. 2. Aix se trouve à 10 kilomètres à l'ouest _____ _____ Sainte Victoire où il y a beaucoup, beaucoup de mistral, et à 30 km _____ de Marseille. 3. L'histoire d'Aix commence en l'an 123 avant Jésus-Christ, _____ les Romains s'installent dans notre région. (Plus tard, ils iront dans le village d'Astérix et Obélix!) 4. Après les années _____, Aix _____ une ville où des riches souverains de Provence aiment habiter.
5. Plus tard, _____, Aix crée son université. Aix est encore aujourd'hui une ville qui compte beaucoup d'étudiants. 6. Il y a de plus en plus d'entreprises qui ont des _____ très modernes à Aix. 7. Ici, nous sommes sur le Cours Mirabeau. Cette rue _____ en 1649. Elle est typique avec ses grands platanes et la belle architecture de ses immeubles. 8. Maintenant, allons à l'hôtel de ville dans la _____. Sa façade italienne est _____.
9. Au nord de la Place de l'Hôtel de Ville, on peut voir la maison où a habité le grand _____ Paul Cézanne. 10. Il _____ ici en 1839 et il a peint de nombreux tableaux de notre région.
11. Vous connaissez peut-être aussi Emile Zola? Il a écrit beaucoup de romans et il était un grand ami de Cézanne _____ tous les deux dans le même collège à Aix. 12. C'est ici que se termine notre _____. Je vous remercie de votre attention et vous _____ un très bon séjour à Aix-en-Provence.

b *Lisez les questions, écoutez le texte une 2ᵉ fois et cochez la bonne réponse.*

1. Ce document est
   ☐ un reportage.
   ☐ un documentaire.
   ☐ une visite guidée.

2. La personne parle
   ☐ à des touristes.
   ☐ aux habitants de la ville.
   ☐ à un groupe d'élèves.

3. Est-ce qu'Aix se trouve
   ☐ au bord de la mer?
   ☐ à 10 km d'une montagne?
   ☐ à la montagne?

4. Aix a été créée
   ☐ par les Romains.
   ☐ par les Gaulois.
   ☐ par Astérix.

5. Cézanne
   ☐ a écrit des romans.
   ☐ a écrit des chansons.
   ☐ était peintre à Aix-en-Provence.

6. Emile Zola
   ☐ est né à Aix-en-Provence.
   ☐ a écrit des romans.
   ☐ habitait près de l'hôtel de ville.

5

16 Un contrat de location → *an beliebiger Stelle*

a Vous avez gagné un voyage d'une semaine en France au choix (zur Auswahl).
*Lisez les deux descriptions de locations (Lest die Beschreibungen beider Mietobjekte). Comparez-les.
Laquelle est-ce que vous préférez? Pourquoi? Discutez avec votre partenaire.*

b *Complétez le coupon-réponse pour votre famille.*

Descriptif de la location	En plein centre de Paris, appartement très confortable pour 2 à 4 personnes, n° 4802	Côte d'Azur – Hyères, n° 4954
Capacité d'accueil	4 personnes	5 personnes
Type	Appartement *** – 3 pièces – étage: 4e sur 8 – ascenseur – entrée indépendante – 45 m²: 2 chambres, 1 salle de bains, 1 WC. Orientation: sud-ouest	Appartement ** – 3 pièces – étage: rez-de-chaussée – 40 m²: 2 chambres, 1 salle de bains, 1 WC. Orientation: est
Composition	Cuisine américaine[1]/salon.	Cuisine américaine/salle à manger/salon, terrasse, jardin, parking, piscine partagée, tennis collectif.
Couchages	1 lit double 2 lits simples	1 lit simple 1 lit double 1 canapé-lit, 2 places
Services	Draps fournis, linge de toilette fourni, ménage possible, gardien/concierge.	Location linge, ménage possible en fin de séjour, gardien/concierge.
Equipements	▢ Ménager: Vaisselle et couverts, ustensiles de cuisine, réfrigérateur, congélateur, four, plaques de cuisson, micro-ondes, lave-vaisselle, lave-linge, aspirateur, fer à repasser, ventilateur, chauffage central. ▢ Multimédia: TV, tél, accès Internet, satellite/câble, chaîne Hi-Fi.	▢ Ménager: Vaisselle et couverts, ustensiles de cuisine, réfrigérateur, congélateur, cuisinière, plaques de cuisson, micro-ondes, lave-vaisselle, lave-linge, aspirateur, fer à repasser. ▢ Multimédia: TV, satellite/câble. ▢ Extérieur: Barbecue, salon de jardin, ping-pong.
Activités	A partir de cet appartement vous pourrez visiter tout ce que Paris a de plus beau!	Golf, tennis, pêche, équitation, baignade (mer), sports nautiques, randonnée, VTT, thalassothérapie, casino, cinéma, discothèque, parc de loisirs.
Particularités	Animaux refusés, location «non fumeur»	Accès handicapés, véhicule souhaité
Détails complémentaires	Appartement juste à côté du Centre Pompidou, dans un immeuble récent de standing, très calme et ensoleillé. Appartement entièrement meublé et équipé pour 2 à 4 personnes.	– Appartement à 300 m de la plage, club de voile, club de plongée, – proximité des Iles d'Ors.

✂ -

Coupon-réponse à nous retourner

NOM _____   Prénom _____

Adresse _____

Code Postal _____   Ville_____

N° de téléphone _____   N° mobile _____

Confirmation de réservation du **.. juillet au .. juillet 20..**   Location n°:
Nombre de personnes: ▢ dont ▢ adulte(s) ▢ enfant(s) – 18 ans
Souhaitez-vous faire le ménage vous-même, à votre départ?   OUI ▢   NON ▢
Si non, merci de nous verser **50 euros**.
Signature

---

1 **une cuisine américaine** eine offene Küche

auto-contrôle

1 Qu'est-ce qu'on dit en français?

Du bist bei französischen Freunden auf einem Bauernhof in der Provence.

1. Du fragst, ob man hier besser lebt als in Paris.
   _____

2. Du fragst, ob sie schon Probleme wegen des Feuers hatten.
   _____

3. Du fragst, wann die Oliven und der Lavendel geerntet werden.
   _____

4. Du findest, dass der Honig deiner Freunde der beste Honig der Gegend ist.
   _____

5. Du sagst, dass du Lust hast, am kommenden Wochenende Marseille zu besichtigen.
   _____

2 Vocabulaire

Trouvez les mots.

1. On s'en sert pour faire de l'huile. C'est _____
2. On la récolte au début du mois de juillet. C'est _____
3. Elles font du miel. Ce sont _____
4. Ils luttent contre le feu. Ce sont _____
5. Elle travaille à l'école avec des enfants. Elle est _____
6. Ils partent en bateau puis ils vendent leur poisson. Ce sont _____
7. Il fait des photos, c'est son métier. Il est _____
8. On ramasse ces fruits jaunes et rouges en été. Ce sont _____
9. Le repas du soir, c'est _____
10. Quand ce n'est pas la ville, c'est _____
11. La maison des abeilles, c'est _____
12. Après l'été vient _____
13. Avant l'été, il y a _____

3 Pendant que, lorsque, quand, comme, parce que (G 25)

Traduisez en français.

> Situation: *imparfait*
> Handlung: *passé composé*

1. Da wir das Fußballspiel sehen wollten, fuhren wir früh los.

_____

2. Als wir ankamen, waren schon viele Leute da.

_____

3. Ich kaufte eine Flasche Cola, weil es sehr warm war.

_____

4. Immer wenn das Wetter schön ist, gibt es viele Zuschauer.

_____

5. Während die Sportler spielten, machte ich ein paar Fotos.

_____

4 Parfois c'est plus, parfois c'est moins.* (G 26, 27, 28)

Complétez avec le comparatif ou le superlatif des adverbes **bien, souvent, vite.**

1. Les voitures vont _____ (vite ↘) le TGV mais l'avion va _____

(vite ↗) que le TGV.   2. Léa travaille _____ (vite ↗) Léon, mais Léon travaille

_____ (bien ↗) elle.   3. M. Lebrun mange _____ (souvent ↘) au

restaurant qu'à la cantine, mais il mange _____ (souvent ⇧) à la maison.

5 Le discours indirect (G 32)

Mettez les phrases au **discours indirect au passé.** *Qu'est-ce que le pompier* **a dit?**

1. Le feu est encore loin.

   Le pompier a dit que _____

2. Quelques oliviers ont déjà brûlé.

_____

3. Est-ce que vous savez où est le gymnase du collège?

_____

4. La situation n'est pas dangereuse. Mais il faut aller au gymnase pour la sécurité.

_____

_____

5. Il y a des feux de forêt tous les ans ici.

_____

72 soixante-douze   * ⟨Übung 4⟩ Fakultativ außer HE und ST.

W **Tu te rappelles?**

6 Des questions

Complétez avec: **qui est-ce qui** , **à qui** , **avec qui** , **que** , **qu'** , **de quoi** , **comment** , **où** , **quand** , **pourquoi** .

1. _____ est-ce que les Lebrun doivent quitter leur maison? – En juin.

2. _____ fait Léa lorsqu'ils rentrent? – Elle raconte leur aventure sur son blog.

3. _____ est-ce qu'il y avait le feu? – Dans la montagne.

4. _____ est-ce qu'on pouvait voir? – Les flammes.

5. _____ est-ce que les Lebrun vont au gymnase? – … parce qu'il y a le feu dans la montagne.

6. _____ donne des couvertures aux Lebrun pour la nuit? – Un pompier.

7. _____ est-ce que le pompier donne des couvertures? – Aux Lebrun.

8. Le frère de Léa s'appelle _____ ? – Bruno.

9. _____ est-ce que Mme Pagano et Mme Lebrun parlent? – Elles parlent du feu.

10. _____ est-ce que M. Pagano arrive au gymnase? – Avec sa femme.

7 Encore des questions

Ecrivez les questions.

1. Hier, les Lebrun sont allés à la campagne.

   Où est-ce-que _____

2. On ramasse les olives en automne.

   _____

3. Sur la terrasse, les enfants mangent des pêches.

   _____

4. Les pêcheurs sont rentrés parce qu'ils veulent vendre leur poisson.

   _____

5. M. Lebrun a acheté des billets pour un match de foot.

   _____

8 *Y* ou *en*?

Complétez avec **y** *ou* **en**.

> ❗ venir **de Paris** ⇨ **en** venir
> aller **à Paris** ⇨ **y** aller

1. Robert a passé ses vacances en Provence. Il _____ parle à son copain Paul.

2. *Paul:* Tu penses toujours à tes vacances? – *Robert:* Oui, j' _____ pense tout le temps.

3. *Paul:* Est-ce que tu as visité Marseille? – *Robert:* Ah oui, nous _____ sommes allés deux fois.

4. *Robert:* Ces belles journées à la plage. Je m' _____ souviens bien.

5. *Paul:* La plage est loin de Marseille? – *Robert:* Non, non, on peut _____ aller en métro.

6. *Paul:* Et qu'est-ce que tu as aimé comme spécialité? – *Robert:* Tu connais les croquants?

   Ce sont des petits gâteaux aux amandes. Hm! On _____ a mangé beaucoup.

7. *Paul:* Et des discothèques? Il y _____ a à Aix-en-Provence? – *Robert:* Bien sûr!

   Il _____ a des discothèques fantastiques avec des super DJ.

soixante-treize **73**

PORTFOLIO
Lektion 3–5

Meine Sprachkenntnisse

Wie schon im Portfolio 1 kannst du auch hier deine Lernentwicklung weiter überprüfen.
- Trage das Datum, an dem du dich testest, in die entsprechende Spalte ein.
- Nach ein paar Tagen kannst du dich erneut testen und das aktuelle Datum in die sicherlich „bessere" Spalte eintragen.

Klappt super! / Kann ich schon ganz gut! / Ich möchte besser werden! / Ich werde noch üben!

Hören

Ich kann …					Teste dich durch folgende Übungen:	So kannst du dich weiter verbessern:
… ein Gespräch über den Arbeitsalltag in Frankreich verstehen.					Höre den Text SB L 3A und korrigiere die Fehler SB S. 40, Ü 1.	Höre den Dialog, CdA L 3, Ü 8 und mache die dazugehörende Übung.
… Liedertexte verstehen.					Höre das Lied CdA L 4, Ü 18 und mache die Übung im CdA S. 58. → Portfolio-Aufgabe 1, CdA S. 76	Höre dir französische Chansons/Popsongs an und versuche, die Textinhalte anhand von Wörtern, die du verstehst, zu erschließen. Vergleiche dann mit dem Liedtext.
… eine Stadtführung verstehen.					Bearbeite CdA S. 69, Ü 15. → Portfolio-Aufgabe 2, CdA S. 76	Höre noch einmal die Texte zu SB L 5C und bearbeite CdA S. 68, Ü 12 und SB S. 70, Ü 1.
… verstehen, wenn jemand über sich und sein Leben spricht.					Höre den Text zu CdA L 4, Ü 4 und bearbeite a und b.	Höre den Text zu CdA Portfolio 2. → Portfolio-Aufgabe 3, CdA S. 76

Miteinander sprechen

Ich kann …						
… alltägliche Gespräche im Beruf und in der Freizeit führen.					SB S. 47, Ü 4 SB S. 41, Ü 6 c (mündlich) CdA S. 71, Ü 1 (mündlich: Partner 1 übersetzt, Partner 2 kontrolliert. Rollen tauschen). (Lös. S. 87)	Spielt die *en situation*-Dialoge L 3 bis L 5 CdA S. 80–82 und denkt euch die *A vous*-Dialoge aus.
… an verschiedenen Orten Auskünfte einholen und geben.					Lest SB S. 59 *on dit* und denkt euch ein Dialog im Hotel aus. Bearbeitet SB S. 71, Ü 6 *A vous*.	CdA S. 57, Ü 15 CdA S. 59, Ü 1 (mündlich: Partner 1 übersetzt, Partner 2 kontrolliert. Rollen tauschen). (Lös. S. 86)
… Gefühle, Wünsche, meinen Willen sowie eine Notwendigkeit ausdrücken.					Lest SB S. 41, *on dit* und sprecht über eure Urlaubspläne. SB S. 52, Ü 4 SB S. 71, Ü 5 (mündlich)	→ Portfolio-Aufgabe 4, CdA S. 77

74 soixante-quatorze

Kann ich schon ganz gut! — Ich möchte besser werden!
Klappt super! — Ich werde noch üben!

Lesen

Ich kann …	😃	🙂	😕	😟	Teste dich durch folgende Übungen:	So kannst du dich weiter verbessern:
… Reiseberichte verstehen.					Lies den Text SB S. 50, bearbeite dazu CdA S. 50, Ü 1. Lies den Text SB S. 51, bearbeite dazu SB S. 52, Ü 1 + CdA S. 51, Ü 3.	Lies CdA S. 55, Ü 11 und unterstreiche die Schlüsselwörter.
… einem Zeitungsartikel Informationen entnehmen.					CdA S. 64, Ü 5 a + b	Nimm dir eine französische Zeitung und wähle einen Artikel aus. Versuche anhand von Bildern, Namen/Wörtern zu verstehen, worum es geht.
… Biographien verstehen.					Lies die Biographie von Matisse SB S. 72/73 und bearbeite: → Portfolio-Aufgabe 5, CdA S. 77	Lies die Biographie von Corneille SB S. 75 und bearbeite: → Portfolio-Aufgabe 6, CdA S. 77

Schreiben

Ich kann …	😃	🙂	😕	😟	Teste dich durch folgende Übungen:	So kannst du dich weiter verbessern:
… über eine Reise schreiben.					CdA S. 57, Ü 16 c (schriftlich)	CdA S. 53, Ü 7 + Ü 8
… eigene Erlebnisse aufschreiben.					CdA S. 54, Ü 9 CdA S. 62, Ü 2	SB S. 78, Ü 8 CdA S. 46, Ü 17a
… eine Filmkritik schreiben.					CdA S. 45, Ü 15b	

Meine Lern- und Handlungsstrategien	Schon ausprobiert.	Werde ich noch ausprobieren.	Hier kannst du die Strategie noch einmal nachlesen und üben.
Wörter umschreiben und Sachverhalte mit eigenen Worten erklären.			SB S. 71, Ü 7
Verschiedene Formen von Texten selbstständig verfassen.			SB S. 60, Ü 6
Statistiken lesen und interpretieren.			SB S. 45, Ü 5

Die französische Kultur und meine eigene

 Schreibe die Antworten auf ein Extra-Blatt und lege es in deinem Dossier ab. Informationen zum Dossier findest du auf Seite 89.

Was hast du in Lektion 3 – 5 Neues über Frankreich erfahren?

Was ist in Frankreich anders als in deiner eigenen Kultur, was ist genauso oder ähnlich?

Vergiss nicht, dein Dossier mal wieder aufzuräumen. Sortiere deine neuen Arbeiten, die dir besonders gut gefallen, in dein Dossier ein und nimm dafür ein paar ältere, die dir nicht mehr so gut gefallen oder die nicht mehr aktuell sind, heraus.

soixante-quinze 75

PORTFOLIO-AUFGABEN
Lektion 3–5

Die Lösungen findest du im CdA auf Seite 88.

1 Tout le bonheur du monde (HV-Lied CdA L 4, Ü 18)

a *Ecoutez la chanson et soulignez les mots que vous entendez.*

A: maintenant – chemin – bombes – bon – jardins – une heure – bonheur – soleil – scooter – amour

B: avril – avenir – contrôle – concert – la main – demain – offrir – livre – liberté – premiers pas – ne … pas

C: ici – une vie – rêves – joie – choix – moi – instrument – temps – téléphone – Jacques – instant

D: moment – monde – montre – espérer – essayer – sauver – surfer – confiture – confiance – ambiance

b *Regardez lez mots soulignés. Ce sont des mots-clés. Ecoutez encore une fois la chanson et essayez de comprendre les idées importantes grâce à ces mots.*

2 Aix-en-Provence (HV-Text CdA L 5, Ü 15)

a *Ecoutez le texte. C'est vrai, faux ou pas dans le texte?*

b *Corrigez les cinq phrases fausses dans votre cahier.*

	Vrai	Faux	Pas dans le texte
1. La personne qui parle est un touriste.	☐	☐	☐
2. Aix se trouve à 10 kilomètres de Marseille.	☐	☐	☐
3. Les Romains sont arrivés à Aix avec César.	☐	☐	☐
4. Vers l'an 123, Jésus-Christ quitte notre région.	☐	☐	☐
5. Depuis 1409, il y a une université à Aix.	☐	☐	☐
6. A Aix, il y a plus d'universités que d'entreprises modernes.	☐	☐	☐
7. Paul Cézanne est né en 1849.	☐	☐	☐
8. Emile Zola a écrit un seul roman.	☐	☐	☐
9. Emile Zola était un grand ami de Cézanne.	☐	☐	☐

3 Sandrine, pompier volontaire à Aix (HV-Text Portfolio)

Ecoutez le texte et cochez la bonne solution.

1. Sandrine raconte pourquoi elle est devenue …
   ☐ a) photographe.
   ☐ b) pompier.
   ☐ c) secrétaire.

2. Sandrine est photographe et elle travaille …
   ☐ a) au marché.
   ☐ b) dans un magasin.
   ☐ c) dans un restaurant.

3. Pendant sa formation, elle avait parfois seulement le temps de …
   ☐ a) prendre un bain.
   ☐ b) prendre son petit déjeuner.
   ☐ c) repartir pour travailler.

4. Sandrine voulait faire …
   ☐ a) quelque chose de bien.
   ☐ b) quelque chose de dangereux.
   ☐ c) autre chose.

5. Etre pompier, …
   ☐ a) ce n'est pas dangereux.
   ☐ b) c'est intéressant.
   ☐ c) c'est dangereux.

6. Quand Sandrine travaille, son mari …
   ☐ a) ne sort pas.
   ☐ b) ne dort pas.
   ☐ c) se fait du souci.

7. Sandrine a …
   ☐ a) une petite fille.
   ☐ b) une petite sœur.
   ☐ c) une petite ferme.

8. Quand c'est fini, Sandrine téléphone …
   ☐ a) à ses copines.
   ☐ b) à sa famille.
   ☐ c) à sa mamie.

76 soixante-seize

4 Qu'est-ce qu'on dit en français?

Nach deiner Entlassungsfeier aus der Schule unterhältst du dich mit deinen Freunden.

1. Du findest es schade, dass du deine Freunde nicht mehr jeden Tag sehen kannst.

   _____

2. Aber du bist glücklich, dass du jetzt in die Ferien fahren kannst.

   _____

3. Du sagst, dass du Lust hast, ein Praktikum im Ausland zu machen.

   _____

4. Du möchtest gern in Frankreich leben.

   _____

5. Du sagst, dass wenn du für ein Jahr in Frankreich lebst, du Fortschritte in Französisch machen wirst.

   _____

6. Was dir am meisten an Frankreich gefällt, ist die Atmosphäre auf den Straßen von Paris.

   _____

5 Matisse   *(Lesetext SB S. 72/73)*

Lisez le texte et cochez les phrases correctes.

- [ ] 1. Matisse est né à Nice.
- [ ] 2. Matisse a toujours voulu devenir artiste.
- [ ] 3. Matisse a souvent été malade.
- [ ] 4. Il a même dû rester couché pendant un an.
- [ ] 5. Il décide d'apprendre la peinture à Nice.
- [ ] 6. En 1917, il va à Nice. Il aime beaucoup cette ville parce qu'il y pleut tous les jours.
- [ ] 7. Quand le mistral a chassé les nuages, Matisse a décidé de rester à Nice.
- [ ] 8. C'était un grand bonheur pour Matisse de voir la lumière du matin à Nice.
- [ ] 9. Matisse se sentait chez lui à Nice.
- [ ] 10. Matisse était un grand poète. Il écrivait beaucoup de poèmes.

6 Corneille – sa biographie   *(Lesetext SB S. 75)*

Lisez le texte et complétez la biographie de Corneille.

Prénom: _____ Nom: _____ Né le: _____

Né à (ville): _____ Né en (pays): _____

Premier groupe de musique au (pays) _____ à (ville) _____.

Premier concours gagné: _____ organisé par: la _____.

Toute sa famille meurt sauf lui en _____. Corneille ne vit que _____.

Il a passé son bac en _____. En _____ il a créé le groupe O.N.E.

_____ ans plus tard, il a commencé sa carrière solo. Maintenant, il vit au Canada.

zu Lektion 1

19 Les vacances

 C'est la fin des vacances. Sarah, de Lille, discute au téléphone de ses vacances avec sa copine Isabelle, qui est de Lyon.

Isabelle (de Lyon)	Sarah (de Lille)
Allô?	Salut Isabelle. C'est Sarah. Comment ça va?
Bien, mais bon … cette année, je ne suis pas parti(e) en vacances. J'ai travaillé. Et toi, tu es partie?	Ah moi, j'ai passé des vacances géniales. Je suis allé(e) _____ jours _____ avec des copains.
Mais c'est loin, la Corse pour vous. Vous avez pris l'avion?	Non, l'avion c'est trop cher, on est allés _____ _____ jusqu'à _____ et après, on a pris _____ jusqu'à _____ en Corse.
Où est-ce que vous avez dormi? Vous aviez une tente?	On a dormi sous _____ ou dans des _____.
Et vous avez passé vos vacances à la plage?	Juste au début. Les premiers jours, on s'est reposés à la plage. Mais après, on a passé des vacances assez sportives. On est allés à Ajaccio où nous avons fait _____. Puis nous sommes partis pour Sartène où nous _____. Notre dernière étape était à _____ et le dernier jour, nous sommes repartis _____ pour Bastia.
Dis donc, elles étaient super, tes vacances! Comment tu as fait pour payer tout ça?	Ben, pendant toute l'année, j'ai travaillé le samedi dans une boulangerie. C'était dur, mais …

A vous

Tu téléphones à ton/ta corres et tu veux savoir comment ses vacances se sont passées. Tu lui racontes aussi tes vacances. D'abord, vous écrivez à deux dans votre cahier un dialogue sur vos vacances. Ensuite, vous le jouez, mais sans regarder votre cahier!
– Salut, c'est …. à l'appareil! Tu es bien rentré(e)? Tu as passé des bonnes vacances? Raconte-moi …

zu Lektion 2

en situation

21 Entretien pour un travail

Rebecca Bost
Ellenfeldstr. 23
66538 Neunkirchen

Formation:
2008: Realschulabschluss
(équivalent français: brevet des collèges)

Expérience professionnelle:
août 2007: réception à l'hôtel Bellevue

Loisirs:
Sports: foot, badminton.
Musique: batterie

 Rebecca passe un entretien professionnel en France pour trouver du travail.

Le directeur du personnel	Rebecca
Bonjour, entrez donc. Je suis Laurent Garnier, directeur du personnel de Camembert Export.	Bonjour Monsieur.
Asseyez-vous. J'ai lu votre CV avec intérêt, mais je vais quand même vous poser encore quelques questions pour mieux vous connaître. Vous habitez où en Allemagne?	J'habite à _____ dans le sud de l'Allemagne.
Vous êtes en quelle classe?	Je suis en _____ et je viens d'obtenir mon diplôme de la *Realschule*. C'est l'équivalent du _____.
Ah! Et au collège, quelles sont vos matières préférées? Et aussi, quels sont vos loisirs?	Au collège, j'aime surtout _____ _____. Pendant mes heures de loisirs, je fais _____ _____.
Vous savez que notre entreprise vend du camembert en Allemagne et que nous cherchons une personne à la réception qui parle allemand. Je voudrais donc savoir pourquoi vous voulez travailler chez nous.	Je voudrais avoir une expérience professionnelle en France, avoir des contacts avec des collègues français et parler _____. Mais, je peux aussi parler l'allemand avec les clients!
Vous avez déjà une expérience professionnelle? Vous avez travaillé ou fait un stage en entreprise? Et qu'est-ce que vous voulez faire plus tard?	J'ai déjà travaillé _____ _____ en Allemagne. Plus tard, je voudrais travailler dans _____ _____.

A vous

Tu cherches un travail pour cet été. Tu as lu une annonce sur Internet pour travailler à la réception d'un camping. C'est le jour de ton entretien. Ecris le dialogue avec ton partenaire qui est le directeur du camping. Jouez votre dialogue, enregistrez-le sur cassette ou sur vidéo, puis écoutez-le.
– Bonjour! Je m'appelle … Je suis directeur / directrice du camping …

en situation   **zu Lektion 3**

18 Après l'entretien

Il y a deux semaines, Nicolas a eu un entretien au téléphone pour faire un stage dans une agence de voyages à Grenoble. On l'appelle sur son portable.

Nicolas	La directrice de l'agence de voyages
_____ !	Bonjour, je suis Mme Beaujardin de l'agence «Vacances Soleil». Je voudrais parler à Nicolas Randaud s'il vous plaît.
C'est moi-même.	Ah parfait. Je voulais vous donner notre réponse positive à votre demande de stage dans notre agence.
Oh merci beaucoup. _____ ?	Nous vous proposons de travailler chez nous pendant deux semaines en juillet. Quand souhaiteriez-vous commencer?
Si j'ai le choix, _____	D'accord. Comme je vous le disais pendant votre entretien, nous vous donnerons 100 euros par semaine et vous paierons votre voyage aller-retour pour venir de Paris. Vous savez déjà où vous allez habiter?
J'ai _____ sur Internet, mais je n'ai rien réservé.	Il y a une auberge de jeunesse pas chère juste à côté de l'agence. Vous voulez son adresse?
Oui, je veux bien. Vous savez combien _____ une nuit?	Je crois que c'est 12 euros la nuit.
Vous pouvez me donner _____ de l'auberge de jeunesse?	Un petit instant … Voilà, c'est le _____. Vous voulez qu'on vienne vous chercher à la gare?
C'est gentil, mais _____	Bon alors, rendez-vous à 10 heures à l'agence le 5 juillet.
D'accord. Au revoir madame et merci beaucoup.	

A vous

Trois semaines après ton entretien au téléphone pour faire un stage en France dans un camping, tu reçois une lettre de confirmation (Bestätigungsschreiben). Tu téléphones à M. Leblanc pour savoir quel jour tu dois commencer, où tu vas pouvoir habiter, qu'est-ce que tu vas faire comme travail, quelles sont tes heures de travail, comment tu peux aller au camping … .

Ecris le dialogue avec ton/ta partenaire et joue-le avec lui/elle.

– Bonjour, Monsieur! …. à l'appareil. Merci pour votre lettre. J'ai encore quelques questions à vous poser.

zu Lektion 4

 19 **Pendant l'examen**

Tu passes un examen de français.
Ton sujet c'est:

La prof/L'examinatrice[1]	Toi
Bonjour! Asseyez-vous[2]. Quel est votre nom?	_____
Est-ce que vous êtes déjà allée en France? Et qu'est-ce que vous y avez fait?	_____ _____ _____ _____ _____ _____
Ah, très bien. Bon, quel est votre sujet?	Mon sujet, c'est _____
Vous voulez me le présenter?	D'accord. D'abord, je vais vous donner les arguments pour la ville, puis les arguments contre la ville. Ensuite, je _____ mon avis, et je finirai par ma conclusion.
Alors, je vous écoute.	Il y a beaucoup d'avantages[3] dans les grandes villes. Par exemple, _____ _____ En ville, il y a beaucoup d'activités pour les jeunes comme _____ _____. Mais il y a aussi des inconvénients en ville: il y a trop de voitures _____. Moi, j'habite _____ et je trouve ça bien parce que _____ _____. Mais pour les vacances, j'adore aller à la mer ou visiter les belles villes européennes. En conclusion, on aime habiter où on a des copains et où on se sent bien.
C'était très intéressant. Merci.	

 A vous

 *Choisissez un des trois autres sujets au choix sur la photo. Préparez une liste de mots-clés puis une **introduction**, vos **arguments pour** ou **contre**, et une **conclusion**. Vous avez 10 minutes pour préparer et 3 minutes pour présenter votre sujet à votre partenaire.*

 Sujet 1: La télévision, c'est nul? – Sujet 2: Le sport, c'est dangereux? – Sujet 3: Comment voyager à l'étranger?

---

1 **l'examinateur/l'examinatrice:** der Prüfer/die Prüferin 2 **Asseyez-vous.** [asejevu] Setzen Sie sich. 3 **un avantage** ein Vorteil

quatre-vingt-un **81**

en situation   zu Lektion 5

17 Le français parlé par les jeunes

Jens est en France avec Pascal (son correspondant) et Nico. Jens a des problèmes pour comprendre ce que disent les jeunes français. Le français parlé familier est différent du français écrit que tu connais.
*Essaye de corriger les mots qui sont en **caractères gras**. Quelles lettres/Quels mots manquent, quels mots sont bizarres? Tu écris la traduction en bon français.*

Pascal et Nico	Jens, le correspondant allemand de Pascal
Pascal: Viens. **J'vais t'présenter** _____ à mon **pote** _____ Nico.	*Jens:* Ah oui, ton **pote**, c'est … ton copain?
Pascal: **Ouais** _____ tu vas voir, il est génial. Il écoute de la musique zarbi.	*Jens:* «Zarbi», qu'est-ce que c'est? Il aime les chansons de Zazie?
Pascal: Non, **j'parle** pas **d'la** _____ chanteuse Zazie, mais **d'la** _____ musique zarbi. Ça veut dire «bizarre» à l'envers[1].	*Jens:* Ah, d'accord, zar-bi, bi-zarre.
Nico: Alors, les **mecs** _____, qu'est-ce qu'on fait? *Pascal:* **J'sais** pas _____ moi, on va au **cinoche** _____? *Nico:* C'est nul comme idée pour ton corres … *Pascal:* **T'as** _____ raison, **j'y** _____ avais pas pensé. **Faut** _____ trouver une autre idée.	*Jens:* Qu'est-ce qu'il y a?
Nico: Qu'est-ce que **t'aimerais** _____ faire? On peut **t'montrer** _____ un café sympa **s'tu** _____ veux.	*Jens:* Un café sympa? Pourquoi pas?
Nico: Ouais, et après, on va à la teuf de Farid.	*Jens:* A la quoi?
Nico: Oh pardon, on va à la fête de Farid. Encore une semaine en France et tu comprendras tout!	

A vous

a *Lis les phrases corrigées. Ecoute le dialogue en français parlé/familier. Tu peux aussi essayer de lire le français familier.*

 b *Faites des groupes de trois ou quatre élèves. Un/Une élève est un/une correspondant(e) français(e). Vous vous présentez et vous dites ce que vous avez fait hier après-midi. Demandez à quelqu'un de vous filmer puis regardez le film ensemble.*

---
[1] **à l'envers** umgekehrt

Lösungen der *auto-contrôle*-Übungen

LÖSUNGEN

Tu te rappelles?

Course contre la montre (S. 4/5)

Station 1
1. vrai, 2. vrai, 3. faux (c'est un groupe de jeunes qui font de la musique), 4. vrai, 5. vrai, 6. faux. (En Allemagne, il n'y a pas la Fête de la Musique dans toutes les villes.)

Station 2
1. vrai, 2. faux (En France, on boit surtout de l'eau au repas.), 3. faux (En France, on mange du fromage à tous les repas.), 4. vrai, 5. vrai, 6. vrai, 7. vrai.

Station 3 1. vrai, 2. faux (Ses parents travaillaient dans un grand magasin.), 3. vrai, 4. faux (M. Gauthier rentrait tard.), 5. faux (Aline ne discutait jamais avec ses parents.), 6. vrai, 7. faux (Aline n'a pas beaucoup de temps, parce qu'elle fait un reportage.), 8. vrai.

Station 4 1. d, 2. c, 3. e, 4. g, 5. f, 6. b, 7. a
Station 5 1. f, 2. e, 3. a, 4. b, 5. c, 6. d
Station 6 1. b, 2. c, 3. d, 4. c, 5. d, 6. a
Station 7 1 Punkt für 2 richtige Wörter.

LÖSUNGEN

TIPPS

Lernstrategie: Du kannst mit den Tipps **eine eigene Grammatik-Kartei** erstellen, indem du für jedem Grammatik-Tipp (**G**) ein Kärtchen schreibst. Mit diesen Grammatik-Kärtchen kannst du auch vor einer Klassenarbeit leichter wiederholen.

LEÇON 1 auto-contrôle (S. 17–19)

1 Qu'est-ce qu'on dit en français?

1. Quand **as**-tu commencé (la natation)? J'ai commencé la natation à 12 ans.
2. Que faut-il faire (Qu'est-ce qu'il faut faire) pour devenir une championne? Il faut / On doit beaucoup travailler.
3. Quel est ton rêve? J'espère que j'irai aux Jeux Olympiques.
4. Est-ce que tu t'entraînes beaucoup? Je m'entraînerai bientôt huit heures par / chaque jour.

Lies dir die Interviews im SB auf den Seiten 11 und 12 durch. Suche in den Interviews gezielt die Fragen heraus.
Schaue dir im SB, S. 18 die Strategie *Faire une interview* an und bearbeite die *A vous*-Übung dazu.

2 Vocabulaire

1. C'est une championne. 2. des sports. 3. handibasket. 4. s'entraînent. 5. la natation. 6. reçoit

War die Übung schwierig? Dann schreibe die gesuchten Vokabeln noch einmal als **Vokabelnetz** zum Thema *Le sport* auf und ergänze es mit weiteren Wörtern zu diesem Thema.

3 Le futur

1. est-ce que tu **viendras** …, Non, je n'**aurai** pas le temps. 2. J'**irai** avec … Elle **sera** … 3. Et vous **reviendrez** tard? … on **verra**. 4. … je t'**appellerai**.

(G) Schaue dir im Grammatischen Anhang deines Schülerbuchs die Seiten 88/89 an und schreibe dir schwierige Formen auf DIN-A4-Blätter, die du über deinem Schreibtisch aufhängen kannst. Markiere die Besonderheiten in Rot.

4 Les phrases avec «si»

1. Si vous travaillez …
2. Si vous avez des bons résultats …
3. … si tu fais du sport.
4. … si elle est très bonne.
5. … s'ils gagnent leurs matchs.
6. S'ils sont les meilleurs …

(G) Schreibe dir die folgende Regel farbig auf ein Grammatik-Karteikärtchen und lies es abends vor dem Einschlafen:
Si-Satz:
si + présent … *futur simple*
erfüllbare Bedingung … mögliche Folge
Ergänze die Regel mit zwei eigenen Beispielsätzen.

5 L'impératif des verbes «être» et «avoir»

1. N'ayez pas peur,
   Soyez courageux, comme moi!
   Ayez confiance.
2. N'aie pas peur.
   Sois courageux.
   Aie confiance.

(G) Noch alle Formen gewusst? Hier nochmals alle Imperativformen von *avoir* und *être*:
Aie … *Sois* …
Ayons … *Soyons* …
Ayez … *Soyez* …
Bilde mit allen Formen einen Satz und lies diese mehrmals laut vor.

6 Qui-est-ce qui …?

Qu'est-ce que je suis?
Qu'est-ce qui est jaune, qui monte et qui descend?
Qui est-ce qui apporte des cadeaux le 24 décembre?

(G) Alle Fragen richtig gefunden? Denke daran:
Qui est-ce qui …? Wer?
Qui est-ce que/qu' …? Wen?
Schaue dir nochmals im SB S. 18, Ü 5 an.

Abkürzungen: Cda (Cahier d'activités) – SB (Schülerbuch) – G (Grammatik) – Ü (Übung) – S (Seite)   quatre-vingt-trois **83**

LÖSUNGEN

Tu te rappelles?

7 Je travaillais, j'ai travaillé …

infinitif	imparfait	passé composé	futur
manger	Il mangeait	J'ai mangé	Il mangera
avoir	Nous avions	Nous avons eu	Nous aurons
regarder	Vous regardiez	Vous avez regardé	Ils regarderont
lire	Elles lisaient	Tu as lu	Elle lira
être	On était	Ils ont été	Je serai
aller	Je/tu allais	Elle est allée	J'irai
faire	Ils faisaient	J'ai fait	Vous ferez
prendre	Vous preniez	Elle a pris	Vous prendrez

8 L'imparfait

1. Didier habitait à Arras …
2. il vendait des journaux …
3. il ne s'entendait pas …
4. il rêvait de devenir acteur …
5. il jouait … et racontait …

9 Imparfait ou passé composé?

1. J'ai eu, 2. j'étais, 3. j'aimais, c'était, 4. j'ai trouvé,
je suis entré, 5. j'ai commencé

LEÇON 2 auto-contrôle (S. 31–33)

1 Qu'est-ce qu'on dit en français?

1. La vie en société n'est pas toujours facile.
2. Il faut défendre ses idées et se battre contre les injustices.
3. Il faut du courage et de la volonté.
4. On pourrait organiser une manifestation.
5. On pourrait aussi mobiliser toute l'école en écrivant des lettres
   et en faisant des affiches.

2 Vocabulaire

1. un nez court, les lèvres rouges, les yeux bleu-vert, des jolies jambes.
2. le nez, les doigts, la main, le dos, le ventre, le bras, la jambe, le pied.

3 Les verbes irréguliers

imparfait	futur	conditionnel	infinitif
je venais	viendrai	viendrais	kommen
je me souvenais	je me souviendrai	je me souviendrais	sich erinnern
tu savais	sauras	saurais	wissen
il était	sera	serait	sein
elle faisait	fera	ferait	tun
on allait	ira	irait	gehen
nous avions	aurons	aurions	haben
vous deviez	devrez	devriez	sollen
ils voyaient	verront	verraient	sehen
elles voulaient	voudront	voudraient	wollen

4 Conditionnel ou imparfait?

1. parlait, aurait,
2. serait, avaient,
3. pensions, voudrions, regarderions, ferions,
4. était, s'écroulerait.

84 quatre-vingt-quatre

TIPPS

(G) Hattest du Probleme mit den Zeiten? Schreibe dir für jede Zeit ein Kärtchen mit den besonderen Formen, die du dir nicht so gut merken kannst.
Ergänze die Kärtchen mit Beispielsätzen und übersetze diese.
Schaue dir auch *Zoom sur la grammaire* im SB, S. 83 an.

(G) Hast du die *imparfait*-Endungen noch gewusst? Im Wort *imparf**ait*** steckt schon die Endung für *il/elle/on* drin, nämlich *-ait*!

je … *-ais*	nous … *-ions*
tu… *-ais*	vous … *-iez*
il/elle/on … *-ait*	ils/elles … *-aient*.

(G) Denke an den Gebrauch und achte auf Signalwörter:
Imparfait → Hintergrund: Zustand, Gewohnheit
Signalwörter: *toujours; tous les matins/soirs; souvent; le lundi; parfois.*
Passé composé → Vordergrund: einmalige Ereignisse
Signalwörter: *d'abord; tout à coup; puis; enfin; un jour; ce matin.*
Schaue dir *Zoom sur la grammaire* im SB, S. 83 an.

Das hat sicher gut geklappt, oder? Ansonsten kannst du nochmals die Texte von Lektion 2 lesen.

Sind dir nicht mehr alle Vokabeln eingefallen? Suche dir ein Foto aus Lektion 2 heraus und beschreibe die darauf abgebildete Person. Stelle anschließend alle Vokabeln zum Thema *„le corps"* in einem Vokabelnetz zusammen.

(G) Hattest du Probleme mit der neu gelernten Zeit, dem *conditionnel*? Dann schlage im SB S. 93 auf und lies dir die Bildung durch.
Übrigens kannst du dir die Bildung für die regelmäßigen Formen von dem dir bereits bekannten *imparfait* herleiten.
Infinitiv oder Infinitiv ohne -e + Endungen des *imparfait* (-ais; -ais; -ait; -ions; -iez; aient):
*aimer (infinitif) +-**ais** (imparfait)*
→ *j'aimer **ais** (conditionnel)*

(G) Hier in aller Kürze die Regel:
si + imparfait … *conditionnel*
nicht erfüllte Bedingung … irreale Folge
Merke: Im Nebensatz mit *si* (= wenn / falls) steht nie das *conditionnel*.

LÖSUNGEN

TIPPS

5 La négation

1. Il n'y a personne.
2. Je n'ai rien entendu.
3. Elle n'est jamais réveillée.
4. Ce n'est ni la voisine, ni son chien.
5. Je ne l'entends plus.

(G) Wenn dir diese Übung schwer gefallen ist, dann schreibe dir die fünf Verneinungsformen mit ihren Übersetzungen ins Deutsche auf. *ne … plus* → nicht mehr …

6 Le discours indirect

Camille: 1. Elle dit qu'elle n'a pas la super forme et qu'elle est fatiguée. 2. Elle dit qu'elle ne peut pas venir au club de volley, qu'elle ne se sent pas bien qu'elle a mal à la tête, mais que demain elle va au collège. Elle dit qu'elle a une interro de français et que sa prof n'est jamais malade! 3. Elle dit aussi que si nous allons au ciné, elle viendra avec nous. Elle espère que sa mère sera d'accord. Elle demande quel film nous allons voir. Elle dit qu'elle voudrait voir le dernier film de Luc Besson, mais qu'elle ne sait pas à quelle heure il passe. 4. Et bien sûr, elle dit qu'on est super! / que nous sommes super!

(G) Hat die Wiederholungsübung gut geklappt?
In der indirekten Rede musst du auf die **Subjektpronomen**, die entsprechende **Verbkonjugation** und die **Objektpronomen** achten:
Coralie: Je ne me sens pas bien.
*Coralie dit qu'**elle ne se sent** pas bien.*

7 Des petits mots

a 1. tôt, 2. tard, 3. très, 4. trop, 5. alors, 6. toujours, 7. bien, 8. si / s', 9. beaucoup
b 1. très froid, neige beaucoup. Alors c'est.
2. se lève tôt, s'il n'est pas trop fatigué, quand il rentre tard du ski,
3. il leur répond toujours, je me sens bien

Konntest du die kleinen „verflixten" Wörter alle übersetzen? Schreibe sie dir am besten einzeln auf Karteikarten. Vergiss die deutsche Übersetzung auf der Rückseite nicht. Wiederhole jeden Tag drei Wörter, dann alle Wörter nach einer Woche, dann nach einem Monat.

LEÇON 3 auto-contrôle (S. 47–49)

1 Qu'est-ce qu'on dit en français?

1. Entre 1870 et 1945, il y a eu trois guerres entre la France et l'Allemagne.
2. La majorité des jeunes ne s'intéresse / s'intéressent pas assez à l'Europe.
3. C'est dommage que quelques pays européens n'utilisent pas l'euro.
4. Tous les Européens devraient apprendre / Il faut que tous les Européens apprennent des langues étrangères.
5. J'aimerais bien vivre avec des colocataires qui ont des nationalités différentes.

Konntest du deinen Vortrag über Europa halten? Falls dir einige Vokabeln und Redewendungen nicht mehr eingefallen sind, kannst du im SB die Texte der Lektion 3 lesen.

Halte den Vortrag und nimm ihn auf Kassette auf. Übung macht den Meister: Nach ein paar Durchgängen kannst du den Vortrag bestimmt frei halten, oder?

2 Les conjugaisons

a
1. il faut que je comprenne
3. il faut que nous en achetions
4. je suis contente que tu aies
5. il faut que je prenne
6. il faut que tu t'habilles et que tu prennes
7. il faut que je pense
   c'est dommage que je n'aie pas
8. tu veux que je te prête
9. quel numéro faut-il que je fasse
10. il faut que je regarde

b

présent	subjonctif
je regarde	que je regarde
tu apprends	que tu apprennes
elle est	qu'elle soit
nous faisons	que nous fassions
vous allez	que vous alliez
ils ont	qu'ils aient

(G) Hast du Schwierigkeiten mit dem *subjonctif*? Dann erstelle dir einen **Merkbaum** für das *subjonctif*.
Nimm ein DIN-A4-Blatt (Querformat) zur Hand und zeichne einen großen Baum mit vielen Ästen und Zweigen.
In den **Stamm** schreibst du die Wendungen (SB, S. 104), die den *subjonctif* auslösen (z.B. *il faut que*).
In die **Äste** schreibst du die Verben im Infinitiv, bei denen dir der *subjonctif* noch Probleme macht (z.B *comprendre*). In die **Zweige** kommen dann die Verbformen im *subjonctif* in den Personalformen *je* und *nous* (*que je comprenne, que nous comprenions*).

3 Vocabulaire de l'Europe

Solution: (un) symbole

– Schaue dir im Cda S. 41, Ü 7 an und ergänze das Wörternetz.
– Zeichne eine Europaflagge auf, in jeden Stern schreibst du dir eine Vokabel, bei der du Probleme hattest.

4 Les adverbes

1. activement, normalement, vraiment, malheureusement
2. généralement, facilement, sérieusement

(G) Bei den abgeleiteten Adverbien ist es ganz einfach.
Du musst die weibliche Form des Adjektivs bilden und die Endung *-ment* anhängen.
Im SB, S. 104/105 kannst du Bildung und Gebrauch nachlesen.
Übungen zum Training findest du im SB, S. 40 (Ü 3 und 4).

quatre-vingt-cinq **85**

| LÖSUNGEN | TIPPS |

5 Ce qui ne va pas dans notre appart.

1. ce qui, 2. ce que, 3. ce qui, 4. ce que, 5. ce qu'

(G) Merke dir, dass
nach *ce que/qu'* zuerst ein Subjekt und dann das Verb steht,
nach *ce qui* dagegen folgt ein Verb.
Schlage im SB, S. 105 auf und schaue dir das untenstehende Bild an.
Übersetze die beiden Sprechblasen.

6 Pronoms relatifs *qui, que, où*

1. Strasbourg où; le bus qui 2. des questions qu'ils 3. la sculpture des droits de l'homme qui; le texte qui 4. dans un parc où 5. au centre-ville où 6. la vieille gare qui et que les touristes …

(G) Die Relativpronomen hast du sicher richtig verwendet, oder? Zumal ja ein guter Tipp direkt unter der Überschrift steht. Diesen kannst du auf eine Karteikarte schreiben.

7 Comparatif et superlatif de l'adjectif «bon»

1. meilleurs que, les meilleurs 2. meilleur que
3. les meilleurs 4. les meilleures du 5. bon, meilleure qu', la meilleure de
6. bonne que

(G) Vorsicht beim unregelmäßigen Adjektiv *bon*. Die Formen findest du zusammengefasst unter der Überschrift. Am besten du schreibst dir diese mit roter Farbe auf eine Karteikarte.
Eine gute Übersicht zum Komparativ und Superlativ von Adjektiven findest du auch im SB, S. 86 *Zoom sur la grammaire*.

LEÇON 4 auto-contrôle (S. 59–61)

1 Qu'est-ce qu'on dit en français?

1. Excusez-moi, où est l'office de tourisme?
2. Où est-ce que je peux trouver un hôtel pas (trop) cher?
3. Où est-ce que je peux laisser mes valises?
4. Comment est-ce que je peux aller au centre-ville?
5. J'aimerais / Est-ce que je pourrais avoir un dépliant touristique sur la ville.
6. Est-ce que vous avez des informations sur le prix d'entrée et les horaires d'ouverture du musée?

Sind dir alle Redewendungen eingefallen? Falls nicht, dann lies im SB auf S. 59 den *On dit*-Kasten durch und mache zum Training die *A vous*-Aufgabe.
Du kannst auch mit einem Partner / einer Partnerin im Cda, S. 57 Ü 15 machen.

2 Vocabulaire

1–7; 2–6; 3–1; 4–8; 5–2; 6–4; 7–5; 8–3

Zur Übung: Lies dir nochmals die Texte der Lektion 4 durch und erstelle kleine Rätsel für deinen Partner / deine Partnerin, z.B.:
La langue qu'on parle aux Antilles, c'est …

3 Les pays et les nationalités

1. un Canadien, le drapeau canadien, 2. Madagascar, un Malgache, une Malgache, 3. un Martiniquais, une Martiniquaise, un conte martiniquais, 4. le Québec, une Québécoise, un jeune Québécois, 5. le Maroc, un Marocain, une Marocaine, 6. les Antilles, un Antillais, une recette antillaise.

(G) Schreibe schwer zu merkende Länder mit Artikel, den Namen der Einwohner und das entsprechende Adjektiv und markiere die Schwierigkeiten, z.B.:
*le Maroc, un Maroc**ain**, une Maroc**aine**,
une recette **m**aroc**aine**.
C'est **une** Maroc**aine**. Elle **est** maroc**aine**.*

4 Les temps du passé

1. quand on s'est mariés, Régine avait, elle était;
2. ma mère avait fait, nous avions invité, ma famille avait préparé;
3. nous avons déménagé, nous n'avions pas, nous faisions, l'usine a fermé.

Der Tipp hilft dir für diese Aufgabe.
Du kannst auch eine gute Übersicht im SB, S. 108 finden und zu jeder Zeit passende Signalwörter herausschreiben.

5 Lequel? Celui-ci.

1. Lequel? Celui-ci. 2. Lesquels? Ceux-ci.
3. Laquelle? Celle-ci. 4. Lequel? Celui-ci.
5. Lequel? Celui-ci. 6. Lesquels? Ceux-ci.
7. Lesquelles? Celles-ci.

Falls du noch nicht ganz fit bist:
Mache folgende Aufgaben im Cda S. 52, Ü 5; S. 56, Ü 14.

Tu te rappelles?

6 Chacun ou chacune

a
1. chacun, 2. chacune, 3. chacun, 4. chacune

Achte immer auf das Nomen, auf das sich *chacun/chacune* bezieht!
Chacun/chacune bleibt immer im **Singular**.

86 quatre-vingt-six

| LÖSUNGEN | TIPPS |

b

1. Julie und Marie verbringen mit einer Jugendgruppe eine Woche in einem Ferienlager in der Bretagne. Im Ferienlager kann **jeder** seine eigenen Aktivitäten aussuchen. 2. Am Sonntag haben beide Mädchen **jeweils** eine Tour gemacht, aber nicht gemeinsam. Marie machte eine Kanutour, Julie eine Fahrradtour. 3. Mittags hat Maries Gruppe ein Picknick am Ufer gemacht. **Jeder** aß ein Sandwich und danach badeten alle. 4. Julie ging mit drei Mädchen los. Sie legten 40 Kilometer mit dem Kanu zurück. Und am nächsten Tag wählten **beide** eine ruhige Tätigkeit aus.

Denke daran, dass es für *chacun / chacune* verschiedene Übersetzungsmöglichkeiten gibt.

7 Le pluriel

a

les yeux, les cadeaux, les grands-parents, les soldes, les courses, les horaires, les journaux, les lunettes, les loisirs, les porte-bonheurs

b

des ananas, des bateaux, des bureaux, des porte-bonheurs, des yeux, des journaux, des maillots de bain, des gâteaux, des sites Internet, des sacs à dos, des repas, des cadeaux, des prix, des chevaux.

(G) Wie du weißt, wird der Plural normalerweise gebildet, indem einfach ein «s» an den Singular angehängt wird. Bei einigen Substantiven musst du jedoch aufpassen, sie haben eine unregelmäßige Pluralform (z. B.: *les porte-bonheurs/ les mots-clés* …).
Zum Training: Schaue den Vokabelteil zu L 1–L 4 durch. Kannst du für alle Substantive den Plural bilden?
Die unregelmäßigen Pluralformen schreibst du am besten auf und markierst mit Farbe, was daran ungewöhnlich ist.

8 Tout

a

1. tout le studio, 2. toute la technique, 3. tous les collègues, 4. toutes les informations.

b

1. toute l'interview, 2. tous mes amis, 3. toute l'équipe, 4. toutes les chansons, 5. tous les jours, 6. tout le matériel.

(G) Achte immer auf das Nomen auf das sich *tout/ toute/ tous/ toutes* bezieht: ist es männlich, weiblich, im Singular, im Plural?

Achtung beim Übersetzen: der / die / das Ganze … (im Singular); alle (im Plural)
Merke: *tous les jours* = jeden Tag

LEÇON 5   auto-contrôle (S. 71–73)

1 Qu'est-ce qu'on dit en français?

1. Est-ce qu'on vit mieux ici qu'à Paris?
2. Est-ce que vous avez déjà eu des problèmes à cause du feu?
3. Quand est-ce que les olives et la lavande sont récoltées?
4. Le miel de mes amis est le meilleur de la région.
5. J'ai envie de visiter Marseille le week-end prochain.

Sitzen die Redewendungen noch nicht? Lese in deinem SB die Beispielsätze aus G 27 S. 111 und G 30 S. 113.

2 Vocabulaire

1. C'est un pressoir.
2. C'est la lavande.
3. Ce sont les abeilles.
4. Ce sont les pompiers.
5. Elle est institutrice.
6. Ce sont des/les pêcheurs.
7. Il est photographe.
8. Ce sont les pêches.
9. C'est le dîner.
10. C'est la campagne.
11. C'est une ruche.
12. … vient l'automne.
13. … il y a le printemps.

Probiere die Übung anders herum. Gebe eine Definition der gesuchten Vokabel, z. B.:
Un pressoir c'est une machine pour faire de l'huile.
La lavande sent très bon, elle est bleue et on la récolte au mois de juillet.

3 Pendant que, lorsque, quand…

1. Comme nous voulions voir le match de foot, nous sommes parti(e)s tôt.
2. Lorsque/Quand nous sommes arrivé(e)s, il y avait déjà beaucoup de monde.
3. J'ai acheté une bouteille de coca parce qu'il faisait très chaud.
4. Quand il fait beau, il y a beaucoup de spectateurs.
5. Pendant que les sportifs jouaient, j'ai pris quelques photos.

(G) Eine ausführliche Übersicht über diese Konjunktionen findest du im SB auf S. 110. Schreibe dir am besten immer die deutsche Bedeutung dazu.
Mache dann zum Training in deinem Cda S. 62, Ü 1 und 2.

4 Le comparatif et le superlatif

1. moins vite que, plus vite
2. plus vite que, mieux qu'
3. moins souvent, plus souvent

(G) Schaue in deinem SB, S. 111 G 26 und S.112 G 28 an. Dann hast du alles im Griff.

quatre-vingt-sept **87**

LÖSUNGEN

5 Le discours indirect

1. Le pompier a dit que le feu était encore loin.
2. Il a dit que quelques oliviers avaient déjà brûlé.
3. Il a demandé s'ils (si les Lebrun) savaient où était le gymnase.
4. Il a dit que la situation n'était pas dangereuse mais il a ajouté qu'il fallait aller au gymnase pour la sécurité.
5. Il a aussi dit qu'il y avait des feux de forêt tous les ans ici.

6 Des questions

1. Quand, 2. Que, 3. Où, 4. Qu', 5. Pourquoi,
6. Qui-est-ce qui, 7. A qui, 8. comment, 9. De quoi, 10. Avec qui

7 Encore des questions

1. Où est-ce que les Lebrun sont allés?
2. Quand est-ce qu'on ramasse les olives?
3. Qu'est-ce que les enfants mangent sur la terrasse?
4. Pourquoi est-ce que les pêcheurs sont rentrés?
5. Qu'est-ce que M. Lebrun a acheté?

8 Y ou en?

1. en, 2. y, 3. y, 4. en, 5. y, 6. en, 7. en, y

TIPPS

(G) Schaue dir die Beispiele im SB, S. 115 G 32 gut an.
Bei der indirekten Rede musst du auf zwei Punkte achten:
– Die **Zeit in der Anrede** (*présent / passé composé?*),
– Die **Änderung der Subjekt- / Objektpronomen** und der **Verbkonjugation**.

(G) Einen Überblick über die Fragewörter findest du im SB *Zoom sur la grammaire* S. 87. Suche zu jedem Fragewort mindestens zwei Fragen für ein Interview mit einer Person und schreibe diese auf.

(G) Schreibe dir bei allen vorkommenden Fragewörtern ein Beispiel und eine mögliche Antwort auf die Frage, z. B.:
– *Où est Amélie? – Elle est à l'école / chez elle.*
– *Quand allons-nous au cinéma? – A 19 heures.*

(G) Falls diese Übung nicht geklappt hat, schaue in deinem SB, S. 85 *Zoom sur la grammaire* nach.

LÖSUNGEN

Portfolio-Aufgaben L 1–2 (S. 36–37)

1 Rendez-vous avec deux champions

1. a, 2. a, 3. c, 4. a, 5. b, 6. c, 7. b, 8. b.

2 Vivre avec ses voisins.

1. vrai, 2. faux (Ses voisins n'aiment pas les fêtes qu'il fait avec ses copains.), 3. pas dans le texte, 4. vrai, 5. faux (Paul ne veut pas déménager.), 6. pas dans le texte, 7. vrai, 8. faux (Ses voisins ont quatre enfants.), 9. vrai.

3 La loi du plus beau

1. b, 2. h, 3. e, 4. a, 5. g, 6. c, 7. d, 8. f, 9. i.

4 Un truc bizarre

1. vrai, 2. Olivier peut mettre son nouvel ordinateur dans sa poche. 3. Le grand-père d'Olivier a pu installer le vieil ordinateur. 4. vrai, 5. vrai, 6. vrai, 7. Olivier dicte ses e-mails. 8. vrai, 9. Olivier trouve que c'est plus facile de dicter un texte.

5 Le journal de Lucie et Marvin

1. la Mongolie, 2. d'*Action contre la faim*, 3. des repas chauds, 4. des enfants, des adultes, 5. ont discuté, 6. très petits, 7. leurs parents, mais ils mangeaient tout seuls parce que leurs parents travaillaient. 8. qui mangent souvent un seul repas par jour.

6 Ma vie au futur

Einige Hilfen für deinen Text:
Quand j'aurai 40 ans, j'aurai une famille, je travaillerai …, je ferai du sport …, je passerai mes vacances à …, j'habiterai à …, je voyagerai …, j'aiderai …

Portfolio-Aufgaben L 3–5 (S. 76–77)

1 Tout le bonheur du monde

A: chemin – bombes – jardins – bonheur – soleil – amour
B: avenir – contrôle – demain – offrir – liberté – premiers pas
C: une vie – rêves – joie – choix – temps – instant
D: monde – espérer – sauver – confiance

2 Aix en Provence

1. faux, 2. faux, 3. pas dans le texte, 4. faux, 5. vrai, 6. pas dans le texte, 7. faux, 8. faux, 9. vrai
1. La personne qui parle est un guide. 2. Aix se trouve à 30 kilomètres de Marseille. 4. En 123 avant Jésus-Christ, les Romains s'installent à Aix. 7. Paul Cézanne est né en 1839. 8. Emile Zola a écrit beaucoup de romans.

3 Sandrine, pompier volontaire à Aix

1. b, 2. b, 3. c, 4. a, 5. c, 6. c, 7. a, 8. b

4 Qu'est-ce qu'on dit en français?

1. C'est dommage que je ne puisse plus voir mes copains tous les jours.
2. Je suis content(e) de pouvoir partir en vacances maintenant.
3. J'ai envie de faire un stage à l'étranger.
4. Je voudrais / J'aimerais bien vivre en France.
5. Je pense que si j'habite / je vis en France pendant un an, je ferai des progrès en français.
6. Ce que je préfère en France, c'est la super ambiance dans les rues de Paris.

5 Matisse

Bonnes réponses: 3, 4, 7, 8, 9

6 Corneille – sa biographie

Corneille; Nyungura; 24 mars 1977; Fribourg; Allemagne; Rwanda; Kigali; Découvertes; la télévision du Rwanda; en 1994; par et pour la musique; en 1994. En 1997; Quatre